AF242207

NOTICE BIOGRAPHIQUE

SUR

PIERRE-PHILIBERT POMPÉE

NOTICE BIOGRAPHIQUE

SUR

PIERRE-PHILIBERT POMPÉE

INSTITUTEUR,

PREMIER DIRECTEUR DE L'ÉCOLE MUNICIPALE TURGOT,

FONDATEUR DE L'ÉCOLE PROFESSIONNELLE D'IVRY,

PAR

LÉON CHATEAU.

Son disciple et son gendre,

Directeur de l'Ecole professionnelle d'Ivry.

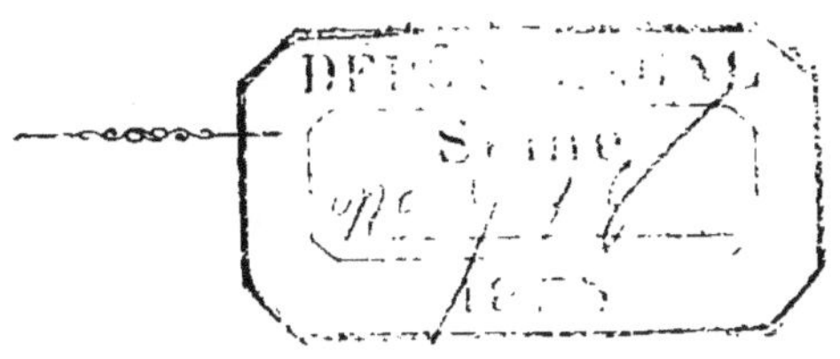

PARIS

AUG. BOYER ET Cie, LIBRAIRES-ÉDITEURS

49, RUE SAINT-ANDRÉ-DES-ARTS, 49

1875

PIERRE PHILIBERT POMPÉE

Instituteur (1829)

PREMIER DIRECTEUR DE L'ECOLE MUNICIPALE

TURGOT (1839)

FONDATEUR DE L'ECOLE PROFESSIONNELLE D'IVRY (1853)

SES ÉLÈVES

Photoglyptie Lemercier & Cie Paris

En écrivant cette esquisse de la vie si active
et si bien remplie de mon beau-père, j'ai voulu,
moi aussi, lui élever un modeste monument de
reconnaissance et de filiale affection.

Je la dédie à ses anciens élèves de l'École
de la rue des Vinaigriers, à mes anciens cama-
rades de *l'École primaire supérieure*, à nos
anciens élèves du pensionnat d'Ivry,

A nos amis.

École d'Ivry, janvier 1875.

Léon CHATEAU.

NOTICE BIOGRAPHIQUE

SUR

PIERRE-PHILIBERT POMPÉE

I

Avant d'écrire la vie de Pierre-Philibert Pompée,
je veux accomplir un devoir. Mon beau-père avait ras-
semblé quelques matériaux destinés à la biographie de
son père. Cet hommage pieux, qu'il n'a pas eu le temps
de rendre à cette mémoire vénérée, je le regarde
comme un legs qu'il m'a laissé.

Je viens aujourd'hui rappeler que Gilles-François
Pompée fut un pédagogue sensé, un travailleur infatigable et un homme de bien; qu'il eut une grande influence sur son fils, et que ses travaux, quoique peu
connus maintenant, n'en ont pas moins fait faire, en son
temps, un pas à l'enseignement.

Gilles-François Pompée naquit à Lyon le 25 novembre 1770. Sa jeunesse se passa dans sa ville natale,
où il fit ses premières études et se maria de bonne
heure à Rose-Étiennette Champion, lyonnaise comme
lui (1797).

Il assista au siége de Lyon, qu'il quitta en 1800 pour venir s'établir à Besançon. Là il prit avec sa femme un commerce de pelleterie ; tout en vendant des fourrures, il put se perfectionner dans l'étude de la langue allemande et devint, jeune encore, professeur au collége de Besançon, où ses connaissances variées le firent apprécier. Il paraît que sa manière d'enseigner l'allemand était simple et logique, car il eut à Besançon de grands succès et fut recherché par la haute société de la ville. C'est de cette époque que date la publication de la *Grammaire allemande*, qui eut deux éditions. Cet ouvrage élémentaire compte parmi les meilleurs de ceux qui parurent à ce moment (1814); aujourd'hui deux auteurs, MM. Lebas et Regnier, dans une grammaire allemande qui jouit, à juste titre, d'une grande réputation, suivent « la classification de M. Pompée pour les verbes allemands irréguliers. » Ce n'est certes pas un mince honneur que d'avoir servi de guide à ces grammairiens distingués.

C'est pendant qu'il professait à Besançon, qu'il créa une école élémentaire libre, où il introduisit un des premiers le mode mutuel dont on s'occupait beaucoup en France. La Société pour l'Instruction élémentaire, promotrice du nouvel enseignement, lui accorda en 1818 une médaille d'encouragement de 3ᵉ classe, ce qui prouve que son établissement attirait l'attention dans cette province de la Franche-Comté, d'où étaient sortis déjà tant d'hommes éminents.

En 1818, poussé par je ne sais quelle idée de changement, il quitte Besançon et va s'établir à Vesoul, emportant avec lui le mode mutuel, afin de le répandre et de le faire connaître. François Pompée avait été nommé professeur de grammaire au collége de Vesoul, et ce fut en 1820 seulement qu'une autorisation du préfet de la Haute-Saône lui permit d'ouvrir une deuxième école d'enseignement mutuel ; cette nouvelle fondation lui attira de nouveaux succès ; il dut cependant constater qu'il ne suffisait pas d'avoir de bonnes idées, mais qu'il fallait être un homme pratique. Il négligea son école pour se livrer à ses travaux pédagogiques, tels que le *Manuel du Jeune orthographiste*, qui avait déjà eu une édition en 1815 et dont il préparait une seconde, et d'autres travaux moins importants.

A cette époque aussi, il était dégoûté de ses luttes contre le mauvais vouloir du clergé, ennemi de l'enseignement mutuel, et tout-puissant alors. Et puis enfin, il faut le dire, Paris attirait François Pompée ; il voulait vivre de cette vie intellectuelle qui lui plaisait tant, et se trouver au milieu des grammairiens avec lesquels il s'était mis en correspondance. Il vendit donc tout ce qu'il possédait ou à peu près, et après avoir reçu un certificat du maire de Vesoul constatant « qu'il avait enseigné mutuellement avec zèle et intelligence, et le recommandait aux autorités municipales de Paris », François Pompée arriva dans la grande ville, avec sa famille, le jour de la Toussaint de 1823 ; il descendit avec elle rue Montorgueil, 54, quartier alors moins dégagé qu'aujourd'hui, mais tout aussi peuplé. Là il se prépara à ouvrir une école primaire et, en attendant l'autorisation nécessaire, il obtint le 15 février 1824 le brevet de membre-résident de la Société grammaticale de Paris, fondée en 1807 par Urbain Domergue. A cette époque, c'était un honneur recherché que d'appartenir à ces sociétés d'enseignement et on ne sera pas étonné de voir François Pompée essayer, par tous les moyens, d'entrer dans les diverses réunions d'hommes convaincus, comme ceux qui avaient fondé quelques années auparavant la Société pour l'Instruction élémentaire. Ce fut au commencement de mars 1824 que le recteur, M. Nicolle, autorisa enfin François Pompée à remplir les fonctions d'instituteur primaire dans le local de la rue Montorgueil. Cet établissement ne réalisa pas toutes les espérances qu'il en avait conçues. M. Pompée ne paraît pas s'en être occupé énergiquement comme à Vesoul ; ses travaux de philologie lui prenaient tout son temps, toutes ses facultés. Il cherchait alors à se faire admettre comme membre de l'Athénée des Arts de Paris, où il fut reçu en février 1826.

Mais François Pompée, qui commençait à avoir ce caractère inquiet que la maladie ne fit qu'accroître, se résolut à changer de local ; il transporta son école dans la rue Thévenot, dans un ancien hôtel qu'avait habité Joséphine Beauharnais. C'est là qu'il devait mourir, épuisé de fatigues morales autant que de maladie. Il voyait son établissement péricliter de jour en jour ; son fils était encore trop jeune pour reprendre avec

autorité la suite des affaires paternelles. A quelque
temps de là, François Pompée s'éteignit au milieu des
siens. Ce fut le 4 mars 1829 que cet événement arriva,
laissant presque sans ressources une famille désolée,
mais dont Philibert ne devait pas tarder à relever la
situation.

Telle a été l'existence de Gilles-François Pompée,
vie simple et quelque peu inquiète. C'était un de ces
hommes bien doués, travailleur infatigable, d'un
caractère entier qui devint par la suite presque dur,
d'une grande sévérité avec ses enfants, d'une austérité
proverbiale, et qui avec beaucoup de qualités, ne sut
pas se créer une position nettement accentuée dans
l'enseignement.

Et cependant, à examiner les ouvrages qu'il a laissés,
et les volumineux manuscrits qui font partie des archives de notre famille, on ne peut s'empêcher de reconnaître que François Pompée avait une véritable
valeur. Homme d'études, il apportait dans sa critique
philologique une originalité de bon aloi qui n'est pas
sans charme, et montrait une saine érudition qui l'a
fait admettre parmi les principaux grammairiens de son
temps : les Lemarre, les Marle, les Boniface.

Comme on a pu le voir par ce qui précède, François
Pompée était un instituteur convaincu, qui s'était
enfermé dans les travaux plutôt philologiques que pédagogiques, et qui a exercé sur son entourage direct une
grande influence. D'après ses portraits dessinés ou
lithographiés, sa figure est sévère, presque dure, tem-

pérée cependant par un regard bienveillant; des rides profondes qui ont dû être précoces, indiquent le travail de la pensée.

En étudiant les manuscrits laissés par ce consciencieux travailleur, on reconnaît qu'une seule idée l'a guidé : c'est la conviction profonde, émise dans tous ses ouvrages de grammaire et sous diverses formes, que le français peut s'étudier sans le secours du latin. Aussi dans son premier ouvrage intitulé : *Manuel du jeune orthographiste*, dont la première édition remonte à 1819, il annonce déjà que tous ses efforts se sont portés vers l'étude de la grammaire, surtout en vue de ceux qui ne savent ou n'étudient pas le latin.

Dans la deuxième édition, parue en 1824, cet ouvrage change de titre et devient le *Cours d'orthographe radicale, dite d'usage, ouvrage neuf, propre à enseigner notre orthographe sans le secours du latin.* — La *courte préface* de cette seconde édition est curieuse en ce qu'elle donne, dans un style humoristique, l'explication de la méthode, la manière de procéder; elle se termine par un paragraphe annonçant l'ouverture, à domicile, d'un « cours pour les instituteurs et les institutrices qui désireraient connaître toutes les ressources de la méthode et une foule de détails qui ne peuvent être expliqués dans une courte préface ».

Il paraît que le succès fut grand, car en 1829 une troisième édition de l'*Orthographe radicale* paraît chez le même éditeur (1). Cette édition est précédée d'un

(1) Brunot-Labbe, libraire de l'Université royale.

rapport fait à la Société grammaticale par M. Armand
Marrast et M. Marle Aîné, rapporteur, le 21 mars 1828.
— Dans ce rapport, l'ouvrage de M. Pompée est apprécié « comme le plus propre à enseigner l'orthographe
à ceux qui fréquentent les écoles primaires, aux demoi-
selles et à ceux même qui étudient le latin. » Cette
dernière phrase constate d'une façon quelque peu iro-
nique, l'idée principale de l'auteur, le peu qu'on reti-
rait et qu'on retire encore de l'étude du latin pour
apprendre la langue française.

A la suite du rapport cité plus haut, se trouve une
Préface qu'il faut lire, où il explique son travail
comme résultant de profondes méditations : « Mon
plan avait été tel enfin, dit-il, que le système des
familles remplaçât l'étude des langues mortes : qu'il
enseignât non-seulement l'orthographe, mais encore
le sens et l'emploi des mots, qu'il procurât une instruction solide, et qu'on pût enseigner et apprendre le
français par le français lui-même, c'est-à-dire sans le
secours du latin. »

Cette « préface qu'il faut lire » est accompagnée
d'une note où il dit : « Il y a un siècle environ que le
père Buffier avait donné des règles sur le doublement
des consonnes et sur les lettres finales : en 1741,
Jaquier traite cette partie de l'orthographe avec plus
d'étendue ; en 1813, M. Pain développe d'une manière
plus générale toutes les parties de notre lexicographie ;
en 1815, M. Crepel et moi, nous donnâmes chacun un
ouvrage au public ; en 1817, je publiai le *Manuel du*

jeune orthographiste; en 1819, M. Lemarre mit au jour sa *Lexicographie;* en 1824, je donnai une seconde édition de mon *Cours d'orthographe radicale;* en 1829, M. Boniface a produit les *Exercices orthographiques en cent quatorze règles;* six mois après, M. D... et Pellet ont mis en vente leur *Cours d'orthographe usuelle en cent sept règles.* — Aujourd'hui il n'est pas de grammairien qui ne consacre quelques pages aux observations qu'il a recueillies çà et là; enfin, je donne une troisième édition de mon cours d'orthographe radicale en quarante exercices, sous le nom d'*Orthographiste français.* »

On peut voir combien, au commencement de notre siècle, les travaux philologiques étaient nombreux, combien on s'en occupait au point de vue de l'enseignement surtout, et que Gilles-François Pompée tient un rang distingué parmi les hommes qui travaillaient à ces difficiles problèmes.

L'*Orthographe radicale* n'est pas le seul travail de grammaire que François Pompée ait publié. Je trouve dans ses papiers des épreuves et le manuscrit d'un *Cours de langue allemande,* d'un travail sur *la Conjugaison et les déclinaisons de la langue allemande* et d'un cours de *thèmes et de versions allemands.* — J'ai dit, en commençant à parler de mon grand-père, que ces travaux avaient été appréciés par deux hommes distingués, MM. Lebas et Regnier.

Il fallait à l'orthographe radicale un ouvrage qui la complétât : *Le Dictionnaire des familles ou Filiation des mots de notre langue avec l'esprit de chacun d'eux*, répondit à cette nécessité. Ce manuscrit in-4°, suivi d'un supplément *contenant les mots grecs servant à l'intelligence des nôtres*, a été commencé en 1812 et terminé en 1824. Je ne crois pas qu'il ait été publié. Il se compose de cahiers qui ont tous un titre quelque peu modifié : ainsi sur l'un d'eux on trouve cette addition au titre donné plus haut : « Pour enseigner aux nationaux et aux étrangers l'orthographe de notre langue sans le secours du latin, par M. Pompée, orthographiste et instituteur. » L'épigraphe de ce même cahier est double : « Dieu appela l'homme pour donner un nom à tous les animaux », et celle-ci, qui est caractéristique et qui dénote dans l'esprit de son auteur une recherche constante du moyen de faire apprendre le français à ceux qui ne peuvent faire des études latines, toujours coûteuses et de temps et d'argent : « Le français ne vient pas du latin, il vient du celte, langue primitive, qui est elle-même la radicale du latin. (Cours de Gibelin.)

Un autre cahier porte cette épigraphe : « C'est dans la langue même qu'on étudie qu'il faut en rechercher les principes. »

Je pourrais citer toutes les épigraphes et j'arriverais à cette conclusion, que toutes les idées de François Pompée étaient tournées vers ce but : familiariser, apprendre notre langue sans le secours du latin. — C'est, au reste, ce qui ressort de la préface du dictionnaire, laquelle est précédée de cette épigraphe : « Nous

avons deux langues : le français vulgaire et le français
savant; ce dernier est grec et forme un dictionnaire à
part. — Je ne parlerai que du français vulgaire. »

Ces ouvrages ne constituent pas seuls le bagage philologique de François Pompée. Dans ses manuscrits,
écrits tous de sa main, je trouve des cahiers contenant
l'*Origine des Lettres*, savante dissertation, lue à la
Société grammaticale; dans un autre cahier, lu aussi
à cette Société, une *Discussion sur cette question : le
.verbe est-il aussi un modificatif? et définition du verbe.*
Dans un troisième, une dissertation sur cette phrase :
la Grammaire est l'art de parler et d'écrire correctement...
Dans un quatrième cahier, il parle des *Racines de la
langue française;* dans un cinquième, il propose une
*Méthode pour apprendre, en trois mois, à lire, à écrire,
et à conjuguer.*

François Pompée ne borne pas là son activité intellectuelle; il se tourne aussi vers l'enseignement de
l'arithmétique, depuis le calcul mental, « imité de
Pestalozzi », travail qui a été l'objet d'un rapport
favorable de la Société des Méthodes, jusqu'à des
recueils de problèmes. — Dans ses moments de repos
(et il s'en créait fort peu), il écrivait des fables, —
presque toutes imitées de l'allemand, — des pièces de
théâtre, des poëmes, parmi lesquels un très-long, intitulé : *La famille de Juda, fils de Jacob.*

Enfin, je trouve encore, parmi ses manuscrits, un
Traité de la Sphère, des cartes géographiques décou-

pées, une *Histoire du ciel mythologique*, une *Histoire abrégée de la France*, et divers opuscules.

Si j'ai insisté aussi longuement sur Gilles-François Pompée, si j'ai voulu donner une idée de ses travaux, c'est que je suis convaincu que je rentre dans les sentiments de son fils, qui m'a exprimé souvent le regret de n'avoir pas eu le temps de consacrer à son père une notice biographique quelque courte qu'elle fût, où il l'aurait montré, non-seulement comme pédagogue, mais surtout comme grammairien. C'est, au reste, ce que mon beau-père a exprimé en faisant graver sur la tombe paternelle : Gilles-François Pompée, GRAMMAIRIEN.

II

PIERRE - PHILIBERT   POMPÉE

SA NAISSANCE, SON ENFANCE, SA JEUNESSE.
École communale de la rue des Vinaigriers (1829).

C'est pendant son séjour à Besançon que François
Pompée eut un fils, qui naquit le 6 juin 1809. Ce fut le
dernier des quatre enfants qu'il eut et dont trois vinrent
au monde à Lyon. Ce fils s'appela *Pierre-Philibert*, on
le surnomma *Fanfan* dans la famille. — Il fut élevé sé-
vèrement par son père, ce qui ne l'empêcha pas d'être
joueur et batailleur, comme beaucoup d'enfants. De
bonne heure il devint habile dans tous les exercices du
corps ; la natation était son plaisir favori, et, plus tard,
lorsqu'il nous parlait de ses baignades dans le Doubs,
son franc sourire disait la joie du souvenir. — Il grandit ainsi jusqu'au départ de son père pour Vesoul ; il
avait huit ans. Jusqu'alors c'était sa mère qui lui
apprenait les rudiments et qui les continua, non-
seulement pour lui, mais pour d'autres enfants, car,
sous l'inspiration de son mari, elle avait ouvert une
école élémentaire dans la ville de Vesoul, en même
temps que François Pompée devenait professeur au

lycée. Quelques années après, Philibert entrait au collége et il y commençait des études qui devaient être forcément interrompues. C'est au lycée de Vesoul, où il passa deux années, que son intelligence s'ouvrit aux idées sérieuses et que nous le voyons cité plusieurs fois aux distributions de prix (1822-1823).

Le jour de la Toussaint de cette année 1823, Philibert arriva à Paris avec sa famille; il avait alors quatorze ans passés. Son père voulant qu'il eût entre les mains un métier, et montrant en cela un sage esprit de prévoyance, conclut, en janvier 1824, avec l'imprimeur du collége de France, M. Éberhart, un contrat par lequel Philibert entrait comme apprenti imprimeur; M. Éberhart s'engageait à en faire un compositeur et à le mettre au bout de deux ans en état d'avoir son brevet d'ouvrier imprimeur. — En effet, en février 1826, à l'époque où son père était admis comme membre de l'Athénée des arts de Paris, il recevait son livret de compositeur d'imprimerie, qu'il était fier de posséder à 17 ans. Jamais il n'eut occasion d'exercer cette profession, si ce n'est pour son propre compte.

Le moment était venu pour lui de se décider à choisir une carrière libérale, suivant le désir plusieurs fois manifesté par son père; son apprentissage d'imprimeur, en le mettant en relation avec des hommes tels que Gail, Boissonnade, Burnouf, dont les ouvrages s'exécutaient chez M. Éberhart, avait contribué à lui faire aimer l'étude; surtout lorsque ces éminents professeurs, reconnaissant sa perspicacité et son jugement, l'enga-

gèrent à continuer ses études et à suivre la carrière
de l'enseignement.— Il régnait à cette époque, à Paris,
une véritable fièvre d'éducation : la question d'instruction populaire était l'objet de toutes les conversations
dans les classes élevées de la société, et des hommes
comme les de Gérando, les Jomard, les Lasteyrie,
les Boulay de la Meurthe et tant d'autres, ne dédai-
gnaient pas de laisser momentanément de côté leurs
travaux, afin d'étudier les méthodes les meilleures
pour instruire les masses.—Aussi le jeune Philibert,
encouragé par ces hommes éminents, rentra-t-il chez
son père, qui le prit comme sous-maître. Tout en
faisant ce rude apprentissage, il étudiait, et l'année
suivante, au mois de mai, il fut reçu bachelier ès
lettres. — Combien de fois ne m'a-t-il pas décrit ses
angoisses au moment où il subissait cette première
épreuve ! Mais il était décidé à se livrer à cette
ingrate carrière que son père parcourait péniblement,
et qu'il devait à son tour suivre avec tant de succès.

Le père Pompée, flatté que son fils pût un jour lui
succéder, l'engagea à se faire instituteur ; cet avis ne
fut pas perdu, et, en novembre 1828, Philibert apportait à son père le brevet du deuxième degré ; le mois
suivant, il était admis au cours normal dirigé par
M. Sarrazin, et, le 2 mars 1829, il recevait de la Commission de surveillance près l'École normale, une
attestation de premier ordre comme instituteur du
cours normal.

Deux jours après, Philibert assistait aux derniers

moments de son père ! Il entrait à peine dans sa ving-
tième année; les épreuves allaient commencer pour
lui, épreuves qui furent surmontées avec bonheur et
qui devinrent l'origine de ses succès dans l'enseignement.

Cette année 1829, François Pompée, son père,
ayant appris que la municipalité du V⁰ arrondissement (1) fondait une école communale d'enseignement
mutuel, écrivit au maire pour se proposer comme
directeur; il lui donnait ses titres, ses services et sa
longue expérience. Il y avait alors, comme employé
de la mairie, un jeune homme, M. Auguste Hude, qui
avait la confiance du maire, M. Jousselin, et que
celui-ci envoya vers François Pompée. — « Je le
trouvai, me disait il n'y a pas longtemps M. Hude
(qui, depuis cette époque déjà lointaine, a conservé
des liens intimes avec notre famille), je le trouvai
malade, alité, la figure creusée par la souffrance; il
me parut plus âgé qu'il n'était réellement. Mon
impression fut pénible; j'en fis part au maire, en
ajoutant que j'avais vu aussi un jeune homme d'environ une vingtaine d'années, le fils de M. Pompée,
avec lequel j'avais causé et qui me parut intelligent,
d'un savoir assez grand, et fort en état de remplir
l'emploi sollicité par son père. » — M. Jousselin voulut voir le fils Pompée; il fut enchanté de la conversation qu'il eut avec « ce grand jeune homme, » et lui

____

(1) Aujourd'hui X⁰.

promit son appui, en l'encourageant à ne pas perdre
patience.

En attendant, Philibert reprenait l'établissement de
la rue Thévenot. Comme il n'était pas encore majeur,
il eut un tuteur pour liquider la situation laissée par
son père et qui était très-embrouillée et très-endettée.
Il lui était resté un triste souvenir de ces deux mois
qui suivirent la perte paternelle. Pendant ce temps, le
maire du V⁰ faisait des démarches auprès du préfet
pour hâter la construction des écoles projetées et présentait Philibert comme futur directeur. Il écrivait, le
12 mai 1829, à **M.** Pompée fils, une lettre qui le conviait à prendre la direction de l'école nouvelle, sauf
l'approbation préfectorale; il l'engageait à chercher
un emplacement convenable, à dresser des plans, qui
seraient transmis à un entrepreneur après avoir été
approuvés par l'autorité compétente. Philibert, aidé
de son ami Auguste Hude, trouva un terrain rue des
Vinaigriers, 17, donnant sur l'impasse Sainte-Op-
portune. Quelques jours après (le 21 mai), le préfet,
M. de Chabrol, annonçait au maire du V⁰ arrondissement que Philibert Pompée était nommé officiellement directeur de la nouvelle école mutuelle du
V⁰ arrondissement. A partir de ce moment, l'établissement de la rue Thévenot n'était plus qu'un embar-
ras; il fut mis en vente, et, le 4 juin, un acquéreur se
présenta (1), qui se rendit propriétaire, pour une

(1) M. Laponneraye.

somme minime, de l'école qu'avait fondée Gilles-François Pompée.

Voilà donc Philibert délivré des soucis de la succession paternelle quant à ce qui concernait l'école de la rue Thévenot; le voilà enfin libre de ses mouvements. Pendant que la construction de l'école de la rue des Vinaigriers s'exécute, il est appelé à Vesoul et à Lure pour les affaires de la succession de son père; il reste un mois absent (15 juin au 15 juillet).

Il avait alors 21 ans. Quand il revint, il trouva sa nomination comme commissaire pour le dénombrement de la population parisienne. En remplissant ces modestes fonctions, il put constater *de visu* la misère qui régnait dans son arrondissement, et bien souvent, il nous rappelait le pénible souvenir que cette mission lui avait laissé; il ne l'oublia jamais. D'autres préoccupations vinrent détourner ses idées de ce tableau décourageant : il fallait qu'il prît son engagement décennal en décembre conformément à la loi, afin de pouvoir exercer les fonctions nouvelles qu'il avait acceptées. Son engagement signé, il s'occupa tous les jours à suivre la marche des constructions de l'école, donna ses idées, qui étaient presque toujours suivies. L'hiver et le printemps se passèrent, et le moment arrivait d'inaugurer l'école mutuelle, lorsque la Révolution de 1830 éclata.

Comme tous les jeunes gens qui ont traversé cette période de notre histoire, Philibert ressentit vivement les ardeurs patriotiques qui ont donné naissance à ces

trois journées, et on ne s'étonnera pas de son enthou-
siasme pour cette révolution qui venait modifier, du
moins il le croyait, l'état social de notre pays.

Quoi qu'il en soit, le 1er août 1830, l'école de la rue
des Vinaigriers fut ouverte sous les auspices des autorités municipales; les élèves furent inscrits en foule
et bientôt l'immense salle fut remplie. C'était un véritable événement dans ce quartier populeux et jusqu'alors déshérité d'école de ce genre, où le mode
mutuel fut mis en pratique tel que le jeune instituteur
l'avait étudié au cours normal de M. Sarrazin. M. Pompée ne parlait de ce temps-là qu'avec bonheur :
« J'étais heureux alors d'avoir une belle et grande
école et de la diriger à peu près comme je l'enten-
dais, tout en me conformant aux règles établies et,
en même temps, ne négligeant rien pour prendre
l'initiative de certaines améliorations dans l'enseignement; oui, j'étais bien heureux. »

Il montra, en effet, dans cette position, et pour la
première fois, son caractère entreprenant et actif
pour la question d'enseignement, son initiative intel-
ligente dans les réformes à introduire dans ses programmes. Aussi, à peine installé, et quand il vit son
école progresser, il chercha à y introduire le chant,
premier essai qui devait amener, quelques années
plus tard, entre B. Wilhem et lui une liaison dont
l'intimité grandit jusqu'à la mort de Wilhem (1842).
Il se fit lui-même répétiteur de la méthode de son
ami, et, comme il avait une voix sympathique et

juste, ses élèves prirent goût à cette étude, toute nouvelle pour eux, et l'on vit, ce que l'on n'avait pas encore vu dans le quartier, les enfants chanter en chœur des morceaux composés exprès par B. Wilhem.

L'année suivante commença pour Pompée sous des auspices heureux; son école marchait bien, il était encouragé par ses premiers succès. Il porta son activité d'un autre côté : on demandait de toutes parts des cours de dessin; la nécessité de rétablir notre supériorité dans les arts du goût avait fait naître le besoin d'écoles où les jeunes gens pussent apprendre à dessiner. C'est à cette époque que se créèrent des écoles spéciales de dessin et de sculpture, et qu'on eut l'idée d'introduire dans l'enseignement mutuel l'enseignement du dessin comme on y avait introduit celui du chant.

Si le chant avait réussi, le dessin devait aussi être apprécié comme le langage de l'artiste industriel; déjà le savant Francœur avait fait paraître, en 1828, un Cours élémentaire de dessin linéaire (1); une seconde édition, datée de 1829, renfermait une préface où il disait : « Cet art, enseigné dans les écoles primaires, doit exercer le goût des moindres artisans, et, leur donnant le sentiment du beau, les rendre propres à donner à notre industrie un essor très-favorable. »

(1) L'enseignement du dessin linéaire, d'après une méthode applicable à toutes les écoles primaires, quel que soit le mode d'instruction qu'on y suit, dédié à M. le duc de Cases, pair de France

M. Pompée voulut aussi introduire dans son école l'enseignement du dessin ; se servant des travaux de Francœur, de sa méthode, qui était arrangée pour le mode mutuel, il fit dessiner ses moniteurs ; et, chose curieuse, lui, qui n'avait jamais été dessinateur, qui ne possédait rien de ce qui constitue aujourd'hui un professeur de dessin, fit d'excellents élèves qui devinrent par la suite des industriels recommandables.

L'introduction de ces deux enseignements dans l'école communale du Ve arrondissement, la persévérance et on peut dire l'acharnement qu'il déploya pour arriver à des résultats, le firent connaître et apprécier par les autorités municipales et scolaires.

A cette époque, quoique bien jeune encore, il se maria (23 juillet) avec une jeune personne de son choix, qui travailla de son côté à donner de l'aisance dans son modeste ménage.

La municipalité, voyant que l'école de garçons prospérait, résolut de fonder une école de filles ; Pompée proposa sa sœur Mme Céline Tillemont, qui fut acceptée et bientôt nommée officiellement par le préfet. Il se trouvait de nouveau en famille entre sa femme et sa sœur, et bientôt une fille vint compléter ce bonheur qu'il appréciait plus que tout au monde. Ce fut alors qu'il songea à reprendre les idées de son père au sujet des instituteurs primaires.

Au milieu des nombreux manuscrits du père Pompée, il s'en trouve un qui sort complétement du cercle de ses études de prédilection et qui a trait au sort des hommes d'enseignement. Dans cet écrit, François Pompée émet ses idées au sujet de l'amélioration de la position de ces hommes utiles, et les expose dans des articles de loi. Cette idée fut reprise par Philibert, qui la modifia suivant ses plans et en fit un projet de *Société de prévoyance des instituteurs et institutrices primaires du département de la Seine.* Il se mit en rapport avec la Société pour l'Instruction élémentaire et sut intéresser à son œuvre cette Société elle-même, et les autorités de la ville de Paris, parmi lesquelles se trouvaient des hommes éminents qui approuvèrent son projet. Une réunion générale préparatoire fut convenue, dans laquelle on exposerait le règlement et les raisons qui l'avaient inspiré. Elle eut lieu le 8 décembre 1831, dans la salle Saint-Jean, à l'Hôtel de Ville de Paris, et fut présidée par M. de Vatimesnil, député, président honoraire, en l'absence de M. le baron de Gérando, président titulaire.

Presque tous les instituteurs et institutrices de la Seine y assistaient; après les discours du président et du rapporteur de la commission, M. Pompée exposa dans un discours lucide les bases sur lesquelles il avait établi le projet de règlement, dont l'idée n'était pas nouvelle, sans doute, mais dont le premier il avait pris l'initiative.

Cette séance, mémorable dans la vie du jeune et intelligent instituteur, se termina par l'adhésion générale des instituteurs et institutrices présents, et la rédaction définitive des statuts de la *Société de pré-voyance*, renvoyée à une commission.

C'est de ce jour que commencent pour Pompée les relations amicales qu'il continua avec certains hommes distingués ; je nommerai particulièrement le baron de Gérando, qui, dans une longue lettre lue à la séance du 8 décembre par M. Pompée, félicitait vivement celui-ci de sa généreuse initiative et le conviait à continuer ses efforts. Je retrouve cette lettre dans les papiers que M. Pompée a laissés, et qu'il gardait précieusement, comme toutes celles écrites par ce philosophe et ce philanthrope éminent.

L'autorité universitaire ne pouvait pas laisser passer cette tentative privée, née chez un modeste et jeune maitre et qui grandissait si vite : le ministre de l'Instruction publique ayant eu connaissance du projet de Caisse de prévoyance, voulut récompenser son auteur, et le 7 mai 1832, M. d'Hubert, maire du Ve arrondissement, recevait du ministre l'avis que Philibert Pompée obtenait une *mention honorable* pour son initiative. D'un autre côté, la Société pour l'Instruction élémentaire lui accordait une *médaille de bronze* pour son zèle et son dévouement comme instituteur.

Ces premières récompenses enflammèrent d'un nouveau courage l'esprit de Philibert : il se multiplia, se mit en rapport avec une association nouvelle d'enseignement des ouvriers, je veux parler de l'Association polytechnique, dans laquelle il devait jouer plus tard un rôle prépondérant. Cette Société, qui avait été fondée au lendemain de la révolution de 1830 par d'anciens élèves de l'École polytechnique, sous le nom d'Association pour l'instruction du peuple, avait acquis en 1832 une certaine importance ; sous le nom d'Association polytechnique qu'elle prit à cette époque, elle rendit des services véritables en moralisant et instruisant les ouvriers.

Dans le courant de l'année 1834, M. Pompée fut admis comme professeur de grammaire générale au moment où le comité d'enseignement de l'Association avait décidé l'adjonction de nouveaux cours confiés à des professeurs non polytechniciens. Ce fut là le commencement de sa liaison avec Auguste Perdonnet : la mort seule vint briser leurs relations. C'est à l'hôpital des Quinze-Vingts, faubourg Saint-Antoine, que Pompée commença son cours de grammaire. Comme il avait été le secrétaire de son père lorsque celui-ci s'occupait de son cours d'orthographe radicale, il reprit ces travaux et les continua dans un esprit nouveau. Il se mit en rapport avec l'imprimeur Levrault, de Strasbourg, pour la publication d'un *Traité d'orthographe*, dont quelques feuilles seulement ont paru. Quand la formation d'un nouveau comité d'enseignement fut provoquée par Perdonnet et quelques-uns de ses collègues, il choisit Pompée, comme le plus ancien des professeurs non polytechniciens.

Sur ces entrefaites, M. Guizot, ministre de l'Instruction publique, venait de faire adopter par la Chambre (1)

(1) 28 juin 1833.

la loi sur l'Instruction primaire, que Pompée considérait, à bon droit, comme la meilleure qui ait été mise en vigueur jusqu'à nos jours. Dans cette loi, le législateur introduisait un enseignement intermédiaire, appelé *professionnel* (et dans ces dernières années, *spécial*), et par suite la création d'écoles primaires supérieures. Nous verrons bientôt le rôle que jouera M. Pompée dans ce nouvel enseignement. Cette même loi porte dans un de ses articles, que les instituteurs communaux sont obligés de subir une retenue annuelle sur leurs appointements. Le ministre fait alors écrire à M. Pompée que la Société de prévoyance n'avait plus d'objet quant à ce qui concernait ces instituteurs.

Enfin, un autre article nommait dans chaque département un Comité central d'instruction primaire dans la composition duquel devait se trouver un instituteur primaire communal. Le choix du ministre se porta sur M. Pompée et le 20 décembre 1833 il recevait sa nomination officielle. Il était à cette époque dans sa vingt-quatrième année. Le Comité central le nomma son secrétaire et en cette qualité il put rendre des services à ses collègues et à une foule de personnes: L'Association polytechnique, dont il faisait partie, le trouva toujours plein de dévouement, et Perdonnet put dire à juste titre que Pompée était celui de tous les professeurs non polytechniciens qui avait le plus fait pour l'Association renouvelée.

L'année suivante, le 4 mai, la Société pour l'Instruction élémentaire décernait au jeune instituteur une *médaille d'argent* pour ses succès et ses travaux, qui offraient, tout incomplets qu'ils étaient, une véritable originalité.

Mais la loi Guizot, et dans la loi Guizot l'enseignement primaire supérieur, occupaient vivement le Comité central, qui avait été chargé de préparer un travail sur ce sujet. Des discussions nombreuses avaient lieu. Comme secrétaire, M. Pompée les étudiait en les résumant et se convainquait qu'il pouvait se lancer dans cette voie. Mais la loi voulait que pour être directeur d'une école supérieure il fallût avoir le diplôme de capacité du degré supérieur. Comment faire? Etudier en faisant sa classe, en remplissant ses fonctions près le Comité central? C'était difficile. Résolûment il demande et obtient un congé pour se remettre sur les bancs de l'école normale de Versailles, que dirigeait alors M. Théodore Lebrun, homme distingué, écrivain pédagogique qui a laissé des livres estimés sur les éléments des sciences. Il fut accueilli avec sympathie par M. Lebrun, qui comprit sa position ; c'est ainsi que commença cette amitié si vive entre ces deux hommes, dont l'un très-jeune encore, l'autre déjà homme fait, possédant une grande expérience ; cette liaison s'augmenta en quelque sorte par celle de leurs familles et dura de longues années jusqu'à la mort de M. Lebrun. Le 27 janvier, Pompée eut la joie de rapporter son brevet supérieur, de rentrer dans sa demeure un instant abandonnée, de retrouver son école et de reprendre ses travaux interrompus.

La discussion et les études du Comité central aboutirent à un rapport que le jeune secrétaire lut en séance le 27 février 1836. Ce rapport concluait à la fondation, à Paris et aux frais de la ville, d'une école primaire supérieure, pour exécuter les prescriptions de l'article 10 de la loi du 28 juin 1833. La commission qui adopta ces conclusions importantes était composée de MM. Arago, secrétaire perpétuel de l'Académie des sciences; Orfila, membre du Conseil de l'Instruction publique; Périer et Boulay de la Meurthe, membres du conseil municipal; Liez, proviseur du collége Henri IV, et Ph. Pompée, instituteur, qui devait être le rapporteur.

Cette séance était solennelle, car la question qui y était résolue était une question vitale pour la loi Guizot; elle se termina par l'envoi au préfet de la Seine, M. le comte de Rambuteau, du travail du Comité central. Ce haut personnage devint le champion de la création future et la fit agréer par le conseil municipal.

M. Pompée ne perdait pas de vue le but qu'il voulait atteindre; il travaillait à se faire des titres pour arriver à la direction de la première école d'enseignement primaire supérieur que la ville de Paris allait fonder. Il regardait cette position, bien enviée alors, comme le résultat de ses travaux d'instituteur communal; c'était une noble ambition et il cherchait à mériter cette situation par des études persévérantes.

Après avoir publié, sous le nom de *Album des*

écoles primaires, un cours complet de dessin linéaire élémentaire, qui fut adopté par le Comité central, il poussa vigoureusement la publication de l'*Orthographe usuelle*, qui avait été interrompue. Quelque temps après, un membre du conseil municipal lui conseilla, pour lutter avec un concurrent sérieux, de faire un ouvrage de recherches sur les petites écoles de Paris, afin de montrer qu'il n'était pas un simple et modeste instituteur; Pompée prit ce conseil pour une sorte de défi, et, comme il ne travaillait jamais avec tant d'ardeur que lorsqu'il y était poussé par un de ces sentiments-là, il se mit à fouiller les archives de la Ville, passa ses congés dans les bibliothèques, et écrivit son *Rapport historique sur les Écoles primaires de la ville de Paris* durant le cours de l'année 1839.

Pendant ce temps-là, le Comité central, sur l'invitation du préfet et après des recherches nombreuses, avait trouvé dans le VIe arrondissement un emplacement rue Neuve-Saint-Laurent, quartier du Temple. Il était bien choisi, dans un quartier de travailleurs d'articles parisiens, un vrai centre industriel. Le jeune secrétaire du Comité central, qui assistait à toutes les visites faites à cet emplacement, donnait son avis sur tous les besoins de la nouvelle école; enfin il fut chargé d'étudier les constructions à élever; il devait faire part de son travail à la commission de ce Comité qui en chargerait un architecte de la ville.

C'était l'époque du renouvellement quinquennal des

membres du Comité central ; le ministre le renomma, et M. Pompée put continuer de s'occuper de l'école nouvelle avec plus de zèle encore que jamais, si c'était possible. Ses efforts ne restèrent pas infructueux : le Comité local du VIe arrondissement, témoin de l'ardeur du jeune instituteur, le présenta en première ligne pour occuper les fonctions de directeur de l'*École primaire supérieure* de la ville de Paris (2 novembre 1838). C'était un premier pas ; mais il n'oubliait pas qu'il fallait lutter : il avait terminé son *Rapport historique,* il s'agissait maintenant de le faire imprimer. Nous savons qu'il n'était pas riche, et les frais d'impression sont toujours coûteux. Il s'adressa à M. Orfila, son collègue au Comité central, qui sollicita pour lui le directeur de l'imprimerie royale, M. Lebrun, en le priant de se charger de faire imprimer l'ouvrage, bien entendu, aux frais de l'auteur. M. Lebrun accepta et Pompée put faire imprimer son *Rapport historique.*

Ce fut pendant qu'il s'occupait à cette tâche que, le 8 février 1839, il se vit présenter par le Comité central, et en première ligne, (sur trois candidats) pour la direction de l'École primaire supérieure. Encouragé par cette présentation, il envoya son *Rapport historique sur les Écoles primaires de la Ville de Paris* à tous les membres de ce Comité et à tous les membres du Conseil municipal ainsi qu'aux autorités scolaires. Il attendait avec anxiété ; lui qui était peu fait pour solliciter, on lui conseillait de se rendre chez quelques membres influents, lorsqu'il reçut, le 23 du même mois, sa nomination officielle de directeur de la première école que fondait la ville de Paris, pour l'enseignement primaire supérieur. Son installation eut lieu le 23 mars 1839. — Quand il parlait de ce jour-là, dans sa famille et avec ses amis, il peignait son étonnement et sa joie avec un véritable bonheur ; les larmes lui montaient aux yeux en se rappelant ce qu'il avait éprouvé. « J'avais mon bâton de maréchal, disait-il, et j'en étais fier. »

Son premier devoir fut de remercier tous les membres du Comité central, les autorités municipales et universitaires ; il nous a raconté souvent ces visites toujours officielles, c'est-à-dire froides et cérémonieuses, quelques-unes affectueuses : celles-là il en gardait un vif souvenir..... Il conserva longtemps des relations d'affection avec quelques-uns de ces membres du Comité central, qui lui portaient un réel intérêt ; je citerai MM. Orfila, Boulay de la Meurthe... Au comble de tous ses désirs, Pompée n'eut plus qu'une pensée: employer le temps qui restait jusqu'au mois d'octobre, époque de l'ouverture de l'École supérieure, à aller étudier en Suisse la méthode de Pestalozzi, dont il connaissait déjà beaucoup de choses; il voulait voir par lui-même l'installation des *écoles réelles* que cette République avait établies dans les cités, pensant bien qu'il y trouverait les modèles qui lui étaient nécessaires ; il désirait connaître et apprendre les méthodes mises on pratique pour l'étude des sciences appliquées; enfin il voulait revenir avec un bagage pédagogique assez complet pour pouvoir répondre à toutes les nécessités du programme qui allait se discuter à son retour.

C'est plein de ses idées et de ses désirs qu'il écrivit au Préfet de la Seine, pour lui demander un congé de deux mois afin d'aller étudier sur place les établissements et surtout les résultats de la méthode du grand pédagogue Suisse. — Le préfet lui répondit, en lui envoyant des lettres d'introduction auprès de ses collègues des départements; dans ces lettres il présentait M. Pompée comme chargé, par le Comité central de la Seine, d'une mission scolaire dans l'Est et en Suisse. Il obtint de même de M. le pasteur Monod des lettres de recommandation pour ses collègues des villes Suisses, qui presque toutes professent la religion réformée, et cela afin de lui faciliter la visite des écoles publiques...

Avant de partir, il reçut d'Alexis Monteil, le savant et modeste auteur *des Français des divers États*, une lettre flatteuse pour lui et à laquelle il tenait plus qu'à aucune autre au milieu des nombreuses lettres de félicitations qu'il reçut au sujet de son *Rapport historique*; dans cette lettre, Monteil le loue beaucoup de son travail: il « aurait bien voulu l'avoir fait, dit-il; ce n'est pas un rapport, c'est le commencement d'une véritable

histoire de l'Instruction primaire à Paris, c'est la base
d'un monument qu'il faut achever. » — Et plus tard il
se souvint de ces paroles d'Alexis Monteil, quand il se
résolut à rassembler des matériaux aussi complets que
possible, pour faire son *Histoire de l'Enseignement
primaire à Paris.*

III

École primaire supérieure (*École Turgot*, 1839).

Lorsque M. Pompée revint de son « pèlerinage »
en Suisse, sa famille l'attendait avec la plus grande
impatience. — Il reprit ses fonctions accoutumées,
et se remit à suivre la construction de l'école de la
rue Neuve-Saint-Laurent, dont les travaux s'ache-
vaient ; il ne restait plus qu'à hâter la confection du
mobilier dont il avait donné les plans avant son départ.
Tout fut prêt pour la rentrée d'octobre ; des affiches
officielles annoncèrent à la population parisienne
l'ouverture de l'École supérieure, et, quelques jours
après, les élèves commençaient leur première année
d'études. Les professeurs du nouvel établissement
municipal, présentés par le nouveau directeur, étaient
des hommes de mérite que nous avons connus : MM. Sa-
batier, Johnson, Isidore Francœur, Bibron, Régnier aîné,
Lequien, Médard, Tronquoy, Siebecker, Maigrot, Tarlé.
La mort a fauché presque toute cette noble et modeste
phalange, dont le chef vient de disparaître ; les survi-
vants portent heureusement leur verte vieillesse et se

souviennent de leur premier directeur qui fut aussi
leur ami.

La première année scolaire s'ouvrit donc sous
d'heureux auspices ; le Comité central suivait avec
un soin jaloux les progrès de ce premier essai du
nouvel enseignement préconisé par la loi de 1833 ;
il envoyait souvent quelques-uns de ses membres visiter
l'École, assister à des leçons, causer avec le jeune directeur, et chercher avec lui des perfectionnements pour
les années suivantes. — La fin de l'année arriva, et la
distribution des prix eut lieu le 1ᵉʳ septembre 1840,
conformément à la décision préfectorale. — Elle se
tint sous la présidence de M. Lucas de Montigny,
conseiller de préfecture, en remplacement de M. le
comte de Rambuteau.

Dans cette séance à laquelle avaient été conviées les
autorités municipales et scolaires de la capitale, un
grand nombre de notabilités commerciales, indus-
trielles et administratives, M. Pompée put dire en
s'adressant aux élèves : « Savez-vous ce que nous avons
fait ensemble depuis un an ? Ce que tous, directeur,
professeurs, élèves, nous avons fait ? Nous avons contribué à fonder une institution qui n'était encore que
promise, nous avons donné à une des dispositions les
plus fécondes de la loi sur l'Instruction primaire un
commencement, et un commencement heureux de réalisation. » Et plus loin il ajoutait : « Notre réussite n'est
plus douteuse, c'est un fait acquis, incontestable, un

fait que votre présence ici, que cette solennité suffiraient seules à établir, mais qui, de plus, a pour lui le témoignage des nombreux visiteurs et de France et de l'étranger qui ont assisté à vos travaux, des autorités surtout qui ont mission de les surveiller, et de la première de toutes, M. le ministre de l'Instruction publique qui nous a laissé comme trace d'une visite récente ces mots dont nous devons être fiers : « *Je suis heureux de pouvoir dire qu'ayant visité bien des écoles intermédiaires, je n'en ai pas trouvé qui me satisfasse plus que celle-ci, et j'en remercie MM. les membres du Comité central et l'excellent directeur, M. Pompée* (1). »

Le 12 août 1840, M. Cousin, qui avait écrit sur le registre des visiteurs les lignes qu'on vient de lire, envoyait une lettre à M. Pompée dans laquelle ce ministre dit : « Je tiens à exprimer de nouveau toute la satisfaction que j'ai éprouvée en visitant le bel établissement que vous dirigez. Comme témoignage d'intérêt pour l'école, et d'estime particulière pour le directeur et pour les professeurs qui le secondent, je vous adresse quelques ouvrages relatifs à l'enseignement primaire. Personne mieux que vous, Monsieur, n'est capable d'en tirer tout le fruit possible. »

La première année scolaire se termina donc, pour

---

(1) M. V. Cousin, un des hommes qui ont le plus contribué à l'introduction des Écoles supérieures en France, avait préalablement visité, étudié tous les établissements analogues qui existent en Allemagne, en Prusse, en Hollande et en Suisse.

l'École supérieure et pour son directeur, dans les conditions les meilleures : le succès ne faisait pas défaut à la jeune création. Dans un rapport fait à la Commission *des Livres et Méthodes du Comité central*, composée de MM. Horace Say, Demoyencourt et Deslandes, on trouve l'espérance énergiquement exprimée qu'elle grandira : « Il faut que cet essai réussisse ; car c'est indispensable, *il faut qu'il réussisse*. Ce n'est pas seulement à cause des dépenses considérables et des charges annuelles que la Ville s'est imposées pour qu'il eût lieu et soit conduit à bonne fin ; c'est encore, et bien plus, parce qu'il faut qu'une idée puissante par sa portée soit sanctionnée par le succès. Le sort d'une simple école n'est pas, en effet, Messieurs, ce qui s'agite en ce moment ; c'est le sort d'une institution nouvelle, d'une des dispositions capitales de la loi de 1833. Comprenons bien, Messieurs, que l'avenir des écoles supérieures tient de toutes manières à celui qui attend notre nouvelle école. Si elle réussit, elle devient inévitablement, et par la seule force des choses, *école modèle*, c'est-à-dire le type de celles que l'on voudra fonder, soit à Paris, soit dans le reste de la France. Si, au contraire, notre école avorte, adieu pour longtemps, pour un temps dont on ne saurait prévoir le terme, à l'enseignement intermédiaire. Quand Paris, avec ses immenses ressources, aura échoué, où et quand voudra-t-on s'exposer à un pareil échec? Ceci nous montre, Messieurs, combien elle est grande la responsabilité qui pèse sur vous, comme sur toutes les personnes qui, à un titre quelconque, doivent veiller ou concourir au succès de l'école. »

Comme on le voit, le Comité central, les autorités scolaires de la Ville et de l'Université, avaient à cœur la réussite de la nouvelle école ; son directeur et ses professeurs étaient les chevilles pensantes et travailleuses qui devaient produire le succès. Nous avons vu que le procès était gagné dès la première année scolaire.

Pendant ses premières vacances, M. Pompée ne resta pas inactif, on le comprend ; jamais il ne déploya autant d'énergie et d'activité ; il organisa les cours, en prépara de nouveaux, avec les hommes dévoués et convaincus du Comité central, les Horace Say, les Deslandes, les Pellassy de l'Ousle, les Boutron. M. Pompée porta surtout son attention sur un enseignement qu'il avait déjà beaucoup étudié, je veux parler du dessin sous ses deux formes, dessin d'ornement et dessin géométrique. Il trouva dans deux professeurs distingués, M. Lequien, qui aujourd'hui conserve une vigueur de santé peu commune, et plus tard, M. Tronquoy, deux hommes qui traduisirent sa pensée ; le premier, en dessinant cette série non interrompue de modèles simples, faciles, d'un goût irréprochable, que nous nous rappelons tous ; le second, en exécutant ces planches avec l'exactitude et le soin qu'il apportait dans toutes ses productions.

Mais pour qu'une fondation nouvelle réussisse, il ne suffit pas qu'elle s'appuie sur une idée grande et féconde : la pratique journalière révèle des difficultés auxquelles on n'avait pas songé d'abord ; c'est ce que comprit M. Pompée. Aussi, chaque année, des changements dans la marche des leçons, dans le programme des cours étaient-ils demandés à la Commission de surveillance de l'École, et toujours ces modifications étaient discutées, étudiées et finalement accordées. C'est ainsi que, en 1845, la Commission constate de nombreuses améliorations : « non-seulement le nombre des élèves, qui était resté à peu près stationnaire pendant trois ans, double presque cette année-là, mais encore la force moyenne des connaissances acquises par chaque élève dans chaque branche d'enseignement dépasse de beaucoup ce qui est généralement obtenu dans les colléges les mieux dirigés. » Il fallut créer une année préparatoire pour avoir des enfants capables de suivre les cours de première année. Déjà, l'année précédente, M. Pompée, qui s'était chargé, à l'origine, des cours de langue française, d'histoire et de géographie, fut obligé de présenter deux professeurs pour le français et pour l'histoire ; il ne conserva que la géographie, science pour laquelle il avait une véritable attraction. Il a laissé de nombreux documents, des tentatives et essais de tous genres, qui n'ont réellement fait un corps de doctrine que lorsque l'École d'Ivry fut en marche. Nous verrons qu'il n'avait publié sur ce cours que des cartes isolées que je faisais avec lui, à Turgot, et plus tard à Ivry ; mais ses idées, qui sont devenues aujourd'hui officielles, je les conserve et les publierai probablement, maintenant qu'elles ont passé au creuset de l'expérience.

M. Pompée ne perdait pas une occasion d'étudier les nouvelles méthodes qui paraissaient et de les mettre à l'essai; il était bien placé pour cela, au Comité central comme membre de la Commission des Livres et Méthodes. Dans cette position, il connut un grand nombre d'hommes d'enseignement, de littérateurs, de savants, d'artistes même, dont beaucoup ont conservé jusqu'à sa mort d'excellentes relations avec lui.

Il était donc à l'affût de tout ce qui se faisait au point de vue de l'instruction primaire et supérieure, lorsqu'un ami vint lui apporter la question que l'Académie royale du Gard proposait aux hommes d'étude et d'enseignement : *De l'Éducation professionnelle en France;* les rudiments n'en existent-ils pas dans le pays ? Quels seraient les moyens de l'organiser fortement dans les départements ? etc., etc., en l'engageant à travailler cette question, comme étant mieux que personne à même de la traiter *ex professo.*

M. Pompée reprit toutes ses notes, recueillit tous ses souvenirs, écrivit son mémoire et l'envoya à Nîmes. La Commission qui devait juger les mémoires avait pour rapporteur M. Nicod, recteur de l'Académie de Nîmes; elle décerna le prix *à l'unanimité* à M. Pompée, dans la réunion générale que l'Académie du Gard tint le 30 août 1845.

Ce succès retentit jusque dans le Comité central qui, dans la séance du 9 avril 1846, décida sa présentation pour la décoration de la Légion d'honneur. Quand il apprit la bienveillance du Comité pour lui, il réclama pour son ami Lefèvre, instituteur communal, qui commençait à vieillir dans ses pénibles fonctions et qui s'était distingué non-seulement dans la direction d'une des premières écoles gratuites d'adultes, mais encore comme auteur d'ouvrages élémentaires estimés. La Commission du Comité central accéda à son désir et Lefèvre fut décoré. Mais l'année suivante M. Pompée reçut la décoration comme membre du Comité central, n'ayant pas encore la limite fixée par la loi comme instituteur public.

Cette même année 1847, encouragé par le prix qu'il avait obtenu de l'Académie du Gard, il concourut pour le prix Félix de Beaujour. La question posée par l'Académie des Sciences morales et politiques était celle-ci : *Examen critique du système d'instruction et d'éducation de Pestalozzi, considéré principalement dans ses rapports avec le bien-être et la moralité des classes pauvres.* M. Pompée était tout préparé à traiter cette vaste question : on se rappelle le voyage qu'il fit en Suisse avant de prendre la direction de l'École supérieure ; il n'avait qu'à se rappeler, consulter ses notes et écrire. Mais il voulut faire un travail plus complet, qui serait destiné aux instituteurs, travail dans lequel il leur montrerait un modèle à suivre et comme caractère et comme pédagogue, auteur de la méthode d'éducation suivie partout en Suisse et en Allemagne. Il se mit, avec son ardeur accoutumée, à recueillir des matériaux de toutes les parties de l'Angleterre, de l'Allemagne et surtout de la Suisse ; il se mit en rapport avec des disciples du grand pédagogue, et eut la bonne fortune de se lier avec Joseph Schmidt, déjà âgé, et qui vivait à Paris dans un état voisin de la gêne.

Schmidt, ancien disciple et collaborateur de Pestalozzi, dont le petit-fils Gottlieb avait épousé la sœur, prit M. Pompée en affection et vit en lui l'homme qui devait le réhabiliter aux yeux des Français, des Allemands et surtout des Suisses. J'étais alors élève de troisième année, et M. Pompée me faisait travailler souvent dans son cabinet avec lui ; je me rappelle encore les visites que Schmidt rendait à mon maître et les amitiés qu'il lui témoignait en son français fortement accentué de tudesque... et quand nous en parlions quelquefois à Ivry, je voyais les yeux de M. Pompée s'emplir de larmes au souvenir de l'excellent Joseph Schmidt, tellement calomnié qu'il avait dû se réfugier à Paris. Il y est mort presque abandonné, loin des siens, de son pays, accompagné à sa dernière demeure par de rares amis, dont M. Pompée était un des plus récents et des plus attachés.

M. Pompée traita donc la question posée par l'Académie en la divisant en deux parties, qu'il intitula *Biographie* et *Méthode*, se faisant suite l'une à l'autre. La Commission partagea le prix de 5,000 francs entre

M. Rapet et M. Pompée, dont le mémoire complétait
pour ainsi dire celui de son concurrent. « On dirait
que l'auteur du mémoire n° 9 (M. Pompée), dit le
Rapport, a pris pour tâche spéciale de remplir cette
lacune et compléter l'œuvre de son compétiteur. Le
mémoire n° 9 nous offre, en effet, un attrait particulier
de nouveauté » ; et plus loin il se plaît à rendre hommage au récit attachant, sympathique et simple de
l'auteur.

Mais entre l'époque du départ de son mémoire et
celui du jugement de la Commission, de graves événements se passèrent : la révolution de Février éclata ;
la monarchie de Juillet s'écroula et avec elles les insti-
tutions constitutionnelles consacrées par ce régime.
Cette révolution retentit comme un coup de foudre par
toute la France ; elle devait exercer sur les idées et
plus tard sur la position de M. Pompée, une influence
décisive.

L'École supérieure, qui avait changé de nom, d'abord
en celui de Colbert et peu après en celui de Turgot,
(qu'elle n'a pas quitté depuis et sous lequel elle est
aujourd'hui bien connue), fut évacuée et fermée pendant quelques jours ; son directeur fut appelé à faire
partie de la garde nationale comme lieutenant. Il se
servit de son influence et de sa notoriété dans son
quartier pour rétablir l'ordre et rassurer les intérêts
compromis.

Comme il avait des amis dans le Gouvernement provisoire, il put rendre de grands services aux habitants

de l'arrondissement, et étendit le cercle, déjà grand, de ses relations. Il connut à cette époque troublée beaucoup de personnes avec lesquelles il conserva d'excellents rapports ; c'étaient des hommes qu'il appelait « ses amis politiques » et dont un, M. Labélonye, le suivit de près dans la tombe.

A peine la Révolution fut-elle achevée, alors que les barricades s'enlevaient, M. Hippolyte Carnot, ministre provisoire de l'Instruction publique, nommait M. Pompée membre de la Haute Commission des Études scientifiques et littéraires, qu'un décret du 29 février avait instituée.

C'était le 6 mars qu'elle devait se réunir, sous la présidence de Jean Reynaud, l'auteur de *Terre et Ciel ;* ce jour-là M. Pompée était désigné pour faire partie de la Sous-Commission de l'Instruction primaire, qui avait mission de s'occuper de la préparation des matériaux pour faire une loi nouvelle en rapport avec les principes républicains.

M. Pompée fut la cheville ouvrière de cette Sous-Commission. Il apporta sa pierre à l'édifice que les hommes convaincus de cette Commission voulaient élever. C'est là que, pour la première fois, M. Pompée exposa complétement ses idées d'enseignement public, idées dont beaucoup sont admises aujourd'hui.

A quelques mois de là, le 12 août, M. Mignet informait M. Pompée que la séance de l'Institut aurait lieu le 23 août et l'invitait à venir entendre proclamer son nom, comme lauréat du prix Félix de Beaujour. Ce

fut un jour solennel dans l'existence de M. Pompée, et
dont il se rappelait souvent les moindres détails avec
une rare fidélité. La moitié du prix partagé lui servit
à refaire le « pèlerinage » en Suisse avec sa femme et
sa fille ; il voulut passer par toutes les localités où
Pestalozzi avait séjourné : Zurich, sa ville natale ;
Neuhof, son premier institut des pauvres ; Stanz, Ber-
thoud, Munchenbuchsee, Yverdon, localités où il avait
expérimenté sa méthode et où il avait écrit *Léonard
et Gertrude*, *Comment Gertrude élève ses enfants*, et
tous ses autres ouvrages ; Brugg, où il mourut en
1827, et Birr, où il fut enterré. — Il en revint plus
ardent que jamais à poursuivre ses travaux pédagogiques en vue de son École supérieure.

Cette année 1848 lui réservait une autre satisfaction :
lorsque le Gouvernement provisoire décréta la nomination d'une Assemblée nationale, les instituteurs communaux et libres vinrent offrir à M. Pompée la candi-
dature. Il la déclina, déclarant qu'il y avait des
hommes plus en état que lui de représenter l'instruction populaire à la Chambre. — Dans les assemblées
préparatoires qui eurent lieu en grand nombre; à
l'Association démocratique des Amis de la Consti-
tution, dont il était membre depuis la fondation, on
ne l'entendit pas ainsi. Les instituteurs vinrent le
trouver, insistèrent auprès de lui et finirent par le
décider. — Il accepta donc le mandat qu'on lui offrait.
— Il parut dans plusieurs réunions, signa des pro-
fessions de foi. Il échoua honorablement, et, le 1er mai,

il remerciait, par une circulaire, les électeurs qui lui avaient donné leurs voix.

Cet échec lui rendit le calme et la tranquillité ; il put reprendre la suite de ses travaux. — A cette époque, j'étais en quelque sorte son secrétaire, je travaillais avec lui et fus témoin de son labeur. Jamais il ne fut si actif, si *chercheur ;* son *Cours de géographie* était l'objet sur lequel il concentrait toutes ses facultés.

Le graveur Avril, l'imprimeur Kaeppelin, en diraient long si on leur demandait de faire connaître tous les essais, tous les plans, cartes, légendes, qu'il leur commandait. — Et, pour ma part, combien n'en ai-je pas essayés aussi : c'était chaque jour de nouvelles idées écloses dans son cerveau, dont il me faisait part, et dont il voulait voir la réalisation immédiate ; car s'il était un esprit organisateur et créateur, il n'était pas technologue, et souvent n'entrevoyait pas les difficultés d'exécution.

Il conçut, après son *Plan d'études géographiques*, celui d'un *Vocabulaire des écoles.* C'était un recueil de tous les cours professés dans l'École supérieure, composé de morceaux pris dans les principaux auteurs. — Il fit paraître ce recueil par livraisons mensuelles qui devaient contenir chaque fois plusieurs leçons de chaque cours. — Il s'acharna à ce travail comme il le faisait toujours pour les idées nouvelles. Son cabinet était encombré d'ouvrages coupés et collés en bandes sur des feuilles de papier. C'était lui qui reliait par

quelques lignes les emprunts faits aux auteurs, travail
long et ingrat qui ne tarda pas à l'ennuyer et qu'il me
fit faire. — Le Vocabulaire parut, M. Pompée était
son propre éditeur ; il avait cependant un libraire,
M. Colas, chez lequel on s'abonnait.

Mais les événements marchaient vite ; Louis-Napoléon
Bonaparte, après avoir été élu deux fois député, avait
été nommé Président de la République. — Un ministère de réaction le secondait dans la guerre, sourde
d'abord, qu'il faisait aux hommes qui avaient joué un
rôle pendant la révolution de Février. M. de Falloux
faisait partie de ce premier ministère du Président de
la République. — On sait le rôle que joua ce ministre
clérical ; son titre, c'est la loi sur l'Instruction primaire, faite uniquement en faveur du clergé, et qui
fut votée sous son successeur, M. de Parieu, le
15 mars 1850. — Déjà, le 20 décembre précédent, une
loi soumettait les instituteurs à l'autorité préfectorale,
sous prétexte que les instituteurs « levaient trop la
tête » et avaient des sentiments trop libéraux. — C'est
de cette époque que date ce que l'on a appelé justement la croisade contre les membres de l'enseignement primaire, et que commença la lutte inégale de
M. Pompée et du préfet de la Seine, M. Berger, son
ancien ami de 1848.

M. Pompée fut un instant distrait de ces idées
sombres par la publication, chez l'éditeur Perrotin, de
son *Mémoire sur Pestalozzi*. Comme pour son premier

rapport, il ne publia que la première partie : la *Biographie*.

M. Pompée voyait avec tristesse les choses dévier de la ligne républicaine, surtout au point de vue de l'Instruction primaire. Lui, qui avait un moment espéré que la loi Carnot avait un avenir, voyait ses rêves succomber un à un tous les jours. Il se sentait pris de dégoût chaque fois qu'il apprenait une tentative réactionnaire contre le corps enseignant ; il ne put même s'empêcher de manifester son indignation quand la loi Falloux fut votée.

Ce fut le commencement du mauvais vouloir de l'administration préfectorale, de laquelle il dépendait maintenant comme homme d'enseignement. Le Comité central ayant disparu, le ministre, M. de Parieu, ayant laissé la place à M. Ch. Giraud, le coup d'État du 2 décembre 1851 ayant été le signal d'une recrudescence de violence contre le parti républicain, M. H. Fortoul succédant à M. Giraud, tout cela finit par placer M. Pompée en un discrédit qui devenait de plus en plus difficile à supporter. On lui refusait tout ce qu'il demandait dans l'intérêt de la bonne marche de l'École Turgot. — Une scène regrettable fut la goutte d'eau qui fit déborder le vase. M. Pompée envoya sa démission sur l'avis officieux que le Préfet allait signer sa révocation. — Cette démission, longuement motivée, fut remise au Recteur de l'Académie de Paris, Ch. Cayx, et au Préfet, M. Berger : elle porte la date du 16 décembre 1852.

Cette retraite du directeur de l'école Turgot, faite à un moment difficile pour tous, lui valut des lettres nombreuses de regrets de la part de quelques personnages haut placés, de ses collaborateurs, des parents d'élèves anciens et nouveaux et de ses amis. Il a conservé tous ces témoignages d'intérêt; il y tenait beaucoup et surtout à quelques-uns, parmi lesquels la lettre collective des professeurs de l'école Turgot, celle de M. Boulay (de la Meurthe), avec qui il avait été collègue au Comité central. Je ne peux m'empêcher de citer le passage suivant de la lettre de ce personnage, qui, vice-président de la République, ne peut être taxé de tiédeur pour le régime nouveau :

« Que s'est-il donc passé qui vous ait amené à donner votre démission et à renoncer à toute une existence ? Je crains de connaître les motifs de votre résolution. Puisse-t-elle n'être pas un nouveau symptôme de cet étrange esprit qui se manifeste depuis un temps et qui n'aspire à rien moins qu'à tout remettre en question, tout abolir et tout réédifier! J'ai compris que, dans le premier moment de la tourmente de Février, on fit expier au Comité central, par sa dissolution, le bien qu'il avait pu faire. Mais la République elle-même avait reconnu son erreur. Ce comité avait été reconstitué et le bien avait repris son cours. Pourquoi donc avoir de nouveau dispersé ses membres, alors que la France veut la conservation et la stabilité ?

« Pour moi, je regarde les années que j'y ai passées

comme les plus heureuses et les plus fécondes de ma vie..... Qu'allez-vous devenir? Renfermez dans votre âme le chagrin que vous devez éprouver. J'espère encore que l'administration voudra ne pas se priver de vos bons services. Réservez, autant que vous le pourrez, à la ville de Paris, à la France, votre expérience acquise. Ne la portez au loin, à l'étranger, qu'à la dernière extrémité. Quelque parti que vous preniez, en quelque lieu que vous alliez, vous aurez mon témoignage. Je dirai de vous que vous êtes digne et capable de faire le bien, et que vous l'avez fait. »

Une fois sa démission donnée et acceptée, M. Pompée, qui savait que l'administration ne lui rendrait pas l'équivalent de ce qu'il perdait, c'est-à-dire vingt-quatre années de bons et loyaux services, alla demeurer place Royale. Là il reçut de diverses personnes bien posées dans l'enseignement libre des offres d'association ; même un ambassadeur d'une nation étrangère voulut le faire venir dans son pays pour lui donner la direction de l'instruction primaire en voie de rénovation. M. Pompée, suivant le conseil de M. Boulay (de la Meurthe), ne porta pas son « expérience acquise » à l'étranger ; il ne continua pas davantage les pourparlers avec un chef d'institution des environs de Paris. Des amis lui conseillèrent de fonder une maison à lui, où il serait maître et non associé, et où il pourrait, au bout d'un certain nombre d'années, acquérir une aisance qui lui permît de se reposer et que la ville de

Paris ne voulait pas lui accorder sous le nom de retraite.

Pendant ce temps, l'école Turgot était dirigée provisoirement par M. Demoyencourt, inspecteur de l'Académie, qui donna à M. Pompée un témoignage écrit de l'état florissant dans lequel il avait trouvé l'établissement fondé par ses soins, de l'attachement que les professeurs lui portaient et des regrets qu'il laissait partout autour de lui.

Quelque temps après, M. Marguerin était nommé directeur de l'école Turgot, en remplacement de M. Pompée.

IV

ÉCOLE PROFESSIONNELLE D'IVRY (1853).

Les conseils de ses vieux amis, et surtout d'un ancien architecte de la ville de Paris, M. Durand-Billion, dont la liaison remontait à 1839, finirent par vaincre la répulsion de M. Pompée pour se faire instituteur libre. Après avoir été combattus, ces conseils furent acceptés, et il se mit en devoir de chercher une propriété à louer qui pût convenir à ses vues. Il voulait alors combler une lacune : l'école Turgot n'admettait que des externes ; il voulait fonder une école Turgot d'internes, un *pensionnat professionnel*. Après avoir cherché et n'avoir rien trouvé à sa convenance, un hasard heureux vint mettre un terme à ses perplexités : une dame veuve, très-distinguée, d'une grande intelligence, qui continuait un établissement considérable d'éclairage établi par Ami Argant, l'inventeur des lampes à double courant d'air, madame veuve Saget, qu'un vif sentiment de sympathie poussait vers M. Pompée, lui proposa un jour de lui louer sa propriété d'Ivry. C'était un vaste emplacement, avec maison d'habitation et communs qui avaient été transformés en fabrique et magasins d'appareils d'éclairage par M. Saget. Les magasins étaient de construction récente ; mais tout le reste datait du règne de Louis XIII. C'était une ancienne « petite-maison » comme il s'en bâtissait à la fin du seizième et au commencement du dix-septième siècle, de grande apparence, entourée d'un vaste jardin planté d'un petit bois, de prés et de vergers qui ont été depuis convertis en jardins maraîchers. Cette propriété d'Ivry, située assez près de Paris, fut donc louée, appropriée à sa nouvelle destination (1) ; le 16 février, M. Pompée informait le public qu'il ouvrait un pensionnat professionnel « dont l'enseignement serait analogue à celui de Turgot et dans lequel les enfants trouveraient les conditions d'espace, d'air, de bien-être et de santé si utiles à leur âge et qu'il est si difficile de rencontrer à Paris. » Il terminait son avis par ces mots : « Mon passé vous répond de l'avenir. »

Plusieurs de ses élèves désiraient le suivre, un seul mit son projet à exécution : ce fut celui qui écrit ces lignes et qui a rencontré depuis plus de vingt années à Ivry le bonheur qu'il comptait y trouver. Il ne m'appartient pas ici de dire la part que j'ai prise à la fondation de l'école d'Ivry : les élèves qui y ont passé le savent mieux que personne.

---

(1) Nous avons su depuis que la propriété d'Ivry avait servi dans le temps de succursale à l'institution Delanneau.

L'école d'Ivry fut ouverte le 7 mars 1853, moins de quatre mois après que M. Pompée eut donné sa démission de directeur de l'école Turgot. Les appropriations intérieures n'étaient pas achevées, que déjà les cours commençaient avec un personnel assez restreint; il s'était chargé de la partie littéraire et de l'histoire naturelle, me confiant la partie scientifique et la partie graphique. Bientôt les élèves arrivèrent qui l'obligèrent à prendre d'autres professeurs, en sorte qu'il ne conserva que les cours de sciences naturelles; souvent il commença les leçons de géographie, celles de dessin géométrique aux plus jeunes enfants, afin de me décharger d'un lourd fardeau.

L'année scolaire se termina avec vingt-cinq élèves. La distribution des prix se fit dans le vieux et grand salon de la maison, peint sur toutes les coutures, ainsi qu'il le disait, et qui offre un échantillon de ces peintures décoratives du commencement du règne de Louis XIV. L'allocution qu'il prononça devant des familles sympathiques fut touchante et remplie de sentiments de reconnaissance. Il exprima son désir et sa volonté de continuer l'œuvre commencée, et termina en disant : A l'année prochaine !

Les vacances furent courtes; elles se passèrent à faire des travaux d'appropriation et d'agrandissement nécessités par une augmentation prévue d'élèves. En effet, au mois d'octobre, l'école rouvrit avec plus de cinquante pensionnaires; les cours se fixèrent, les professeurs augmentèrent en nombre. Il conserva les leçons de botanique, de zoologie, de minéralogie et de géologie, et commença la collection d'histoire naturelle à laquelle il devait travailler de longues années. Plus tard, il y adjoignit une collection de matières premières qu'il rangea de manière à être annexée aux leçons qu'il donnait aux élèves. C'est ainsi que se passa pour lui la première année scolaire à Ivry, secondé par sa femme et sa fille, qui s'occupaient de la partie matérielle de la maison, tandis qu'il s'occupait avec moi de la partie enseignement. Ce ne fut pas un petit travail que nous entreprîmes de faire chacun de notre côté un programme, leçon par leçon, des cours que nous commencions ; M. Pompée dans son cabinet, moi dans une chambre haute de la maison, nous avons passé de longues soirées à écrire nos cours, et le lendemain à nous les communiquer, lui avec son autorité me faisant des observations remplies de justesse et de sens pratique.

L'année 1855 fut marquée par un événement dans sa famille. Sa fille se maria, le 27 septembre, avec celui qui l'avait suivi et qui était son collaborateur dévoué, l'auteur de cette notice biographique. Ce fut une fête à laquelle prirent part tous les amis de M. Pompée et une grande partie de ses anciens élèves.

Rien ne fut changé dans la marche du nouveau pensionnat, qui comptait deux années d'existence : il y avait un directeur de plus. Les élèves augmentèrent encore, et, lorsque la troisième année scolaire commença, en octobre 1855, les cours que nous avions

écrits furent repris; ceux des autres professeurs furent
complétés suivant ses vues et tout marcha à souhait.
Ses anciens élèves de l'École supérieure et de Turgot
ne l'avaient pas oublié ; à part quelques défections, ils
revenaient tous lui faire visite, quelques-uns même lui
envoyaient qui un frère, qui un parent ou un ami,
et il put dire que le pensionnat d'Ivry se recrutait
parmi ses anciens élèves.

Le PÈRE (c'est ainsi que nous l'appelions) était
redevenu heureux, gai et montrait ce caractère aimable
que nous lui avions connu en des jours meilleurs. —
Sa joie fut grande lorsque sa fille lui donna une
petite-fille au mois d'août 1856. — Il devint un vrai
grand-père dans toute l'acception du mot : « Je rede-
viens jeune, disait-il, quand il tenait sa petite-fille sur
ses genoux, et c'est bien bon de rajeunir ainsi. »

Pendant que l'école d'Ivry grandissait, les événements se déroulaient sans que M. Pompée changeât
ses idées politiques. — Pendant dix ans, il ne fut
occupé qu'à travailler à la bonne marche de l'établissement. — Il voyageait pendant les vacances et rap-
portait toujours quelques échantillons minéralogiques
des pays qu'il avait visités : les Alpes, l'Auvergne,
la Bretagne, la Suisse, la Belgique furent successivement parcourues par lui, et chaque fois il en rappor-
tait, soit des collections minéralogiques ou géolo-
giques, soit des notes sur les établissements d'instruction publique qu'il avait vus et examinés.

Ces dix premières années furent une période de tra-

vail qui ne nous laissa aucun loisir, si ce n'est le temps
des vacances pendant lequel, après un voyage qui
nous en prenait la moitié, nous rentrions pour modifier quelques cours d'après ce que nous avions vu, lui
surtout, pour travailler à ses études favorites, l'histoire naturelle et la géographie. Une année fut occu-
pée à écrire son cours de Morale qu'il avait commencé
dès la seconde année (1854) à l'école, et qu'il laisse
inachevé.

M. Pompée, tout en ayant quitté le milieu parisien,
entretenait toujours les relations qui pouvaient favo-
riser le développement de l'école d'Ivry : le Muséum,
le Conservatoire des Arts-et-Métiers et les autres
grands établissements de l'État, lui ouvraient leurs
portes pour ses élèves. — Quelques visiteurs, assez
rares, venaient voir l'école et son directeur qui prenait plaisir à tout montrer, à tout expliquer, quand il
reconnaissait avoir affaire à un homme capable de
comprendre ses idées d'enseignement. Cependant, en
1860, on commença à parler de la maison d'Ivry, et,
ce qui est curieux, c'est en Belgique qu'on y fit le plus
d'attention ; c'est à partir de l'année suivante que
commença, pour M. Pompée, ses relations avec les
journaux, avec leurs rédacteurs, dont quelques-uns
restèrent ses amis. — Le public connut l'école par
les articles de M. Charles Sauvestre, dans l'*Opinion
nationale*, que fondait alors M. Adolphe Guéroult, et
je puis dire que le succès de cette feuille publique fut
dû, en grande partie, à la campagne que notre ami

Sauvestre entreprit pour la réforme scolaire. — Cet excellent ami vint nous visiter, étudia tous les rouages de l'École, et causa longtemps et souvent avec M. Pompée des réformes qu'il faudrait introduire dans l'enseignement primaire et supérieur.

En 1863, une occasion se présenta, pour M. Pompée, de discuter ces questions décisives ; malheureusement il n'était pas permis, en France, de parler de choses qui intéressaient directement le pays. Il fut invité à faire partie de l'Association internationale pour le progrès des sciences sociales qui, cette année, tenait sa session à Gand. — Là, devaient se montrer les hommes du parti avancé dont beaucoup étaient les amis politiques de M. Pompée. Le congrès s'ouvrit par une fête publique donnée par la municipalité de la patrie d'Artevelde, auquel on élevait une statue qui fut inaugurée pour la clôture du Congrès. — M. Pompée était alors dans toute sa vigueur, bien qu'ayant supporté la première attaque sérieuse d'un mal qui devait le faire souffrir toute sa vie, la goutte. Je le vois encore dans la ville de Gand, dans ce palais de l'Université, que la cité avait laissé aux membres du Congrès pour les séances, je le vois encore exposer ses idées d'une façon lucide, écouté religieusement comme un maître en ces matières. — Ce qui le frappa, dans les visites que nous faisions à Gand et dans ses environs, c'étaient les vastes usines, les grandes industries qui font la richesse de ce pays. — Mais ce fut surtout la fête des Ecoles communales de la

ville, qui défilèrent, bannières en tête, au nombre de
plusieurs milliers d'enfants, filles et garçons, devant
les membres du Congrès, réunis sur le grand perron
du palais universitaire de Gand, qui l'émurent jusqu'aux larmes, lui qui comprenait si bien le but de
cette fête de la jeunesse. — Après ce Congrès de
Gand, il continua son voyage en Belgique et en visita,
pour la deuxième fois, les établissements scolaires et
rentra en France par les bords du Rhin. — Ces
vacances de l'année 1863 furent bien employées et
précieuses pour l'école d'Ivry, qui profita de ce que
nous avions vu et étudié à Gand et dans les autres
cités belges.

Déjà, au mois de novembre de l'année précédente,
le pensionnat professionnel avait eu une visite qui
montrait à M. Pompée que l'enseignement qu'il avait
organisé à l'école Turgot faisait « son trou » et
marquait sa place dans l'opinion publique. M. Rouland,
ministre de l'Instruction publique, prenait en mains
la réforme de l'Enseignement, qui était la question
brûlante du moment. Ce ministre s'entourait partout
de renseignements; il envoya deux inspecteurs généraux, MM. Rendu et Dubief, visiter l'école d'Ivry et
causer avec son directeur. — Ces messieurs consul-
tèrent M. Pompée sur les idées mères qui avaient pré-
sidé à sa double fondation de Turgot et d'Ivry; ils
eurent avec nous plusieurs conférences, à la suite desquelles ils nous demandèrent une note sommaire sur
l'enseignement donné à l'école d'Ivry, — et engagèrent

M. Pompée à publier un travail qu'il préparait et qui devait être précédé de son Rapport à l'Académie du Gard.

Ce travail ne tarda pas à paraître, chez l'éditeur Pagnerre, sous le titre d'*Etudes sur l'éducation professionnelle en France*. Ces *Etudes* sont composées de deux parties : une première intitulée *De l'Education professionnelle en France*, c'est le mémoire de 1845, couronné par l'Académie du Gard ; une deuxième appelée *Réforme de l'Enseignement et plans d'étude*, comprenant tout ce qui s'est fait entre les années 1846 et 1862. Cet ouvrage apporta dans les discussions d'alors une véritable lumière ; on y découvre à chaque ligne l'homme pratique qui a fait une étude approfondie de toutes les questions pédagogiques. — Il eut l'avantage d'attirer à l'école d'Ivry des visiteurs nombreux, quelques-uns, hommes d'enseignement, venant des pays etrangers, et d'appeler l'attention des ministres sur l'homme qui s'occupait toujours, quoique étant sorti du monde officiel, de faire prévaloir les idées les meilleures pour mettre le pays à même de lutter sur le terrain pédagogique avec les autres nations.

C'est en 1863 que M. Pompée renoua ses relations qu'il n'avait jamais cessé d'ailleurs d'entretenir avec l'Association Polytechnique et avec son président, M. Perdonnet. — Il avait suivi toutes les phases de l'Association, avait applaudi à ses succès. En cette année 1863, il avait déploré, comme tous les membres de la Polytechnique, le rôle qu'avait joué son ami

Perdonnet, et la forme violente qu'il avait employée pour l'adjonction des nouveaux professeurs qui s'étaient séparés de la Philotechnique à l'occasion d'une question relative au mode d'élection des membres du bureau. M. Pompée ayant organisé à Ivry une section de l'Association Polytechnique avec le concours de quelques-uns de ses professeurs et d'hommes dévoués de la commune, avait été obligé d'entrer de nouveau en relations avec Perdonnet, et celui-ci était venu lui parler du changement qui s'était opéré dans le sein de l'Association et lui offrir la vice-présidence du Conseil. Entre ces deux hommes convaincus eut lieu une grave conversation qui eut pour résultat l'adoption par M. Pompée de la vice-présidence, et un resserrement de leurs liens d'amitié.

La section d'Ivry fut ouverte le 23 novembre 1863; le délégué était M. Pompée, qui fut en rapport, à partir de ce moment, avec la nombreuse population ouvrière de cette commune, qui, depuis 1860, grandissait considérablement au point de vue industriel. Depuis cette époque, les cours gratuits aux ouvriers des usines et fabriques d'Ivry se continuèrent sans interruption jusqu'à la guerre de 1870. — Chaque année avait lieu la distribution des prix aux élèves de la section, une entre autres qui fut présidée par M. Charles Robert, conseiller d'Etat, secrétaire général du ministère de l'Instruction publique (9 août 1866).

L'école d'Ivry recueillait des succès parmi les

membres de l'Enseignement universitaire. A la suite
du rapport de MM. Rendu et Dubief, vinrent des personnages haut placés qui visitèrent le pensionnat et
reçurent de son fondateur tous les développements
qu'ils demandèrent sur les programmes qui y sont
suivis et sur l'organisation disciplinaire.

Mais, la maladie qui le poursuivait l'avait encore
repris, la goutte le retenait cloué dans son fauteuil ; son
activité intellectuelle était si grande qu'il travaillait
toujours, malgré les avis de son médecin. Il fut à ce
moment avisé de la visite du ministre qui avait suc-
cédé à M. Rouland : M. Victor Duruy venait voir
l'école accompagné d'une Commission de députés. Cet
honneur, que l'établissement d'Ivry n'oubliera pas, était
dû à la notoriété de M. Pompée, et à la part qu'il avait
prise dans les commissions et enquêtes où il s'était
rendu pour donner ses idées, exposer son expérience
de vingt-cinq ans, dans les questions d'enseignement.

C'était cette année 1865 pendant laquelle M. Duruy
élaborait son projet de loi d'Enseignement primaire
et d'Enseignement secondaire spécial. La visite du
Ministre et de la Commission eut lieu en présence des
autorités de la commune, que M. Pompée avait voulu
convoquer, et, comme il ne pouvait pas marcher, ce
fut son gendre qui eut l'honneur de faire visiter en
détail l'école d'Ivry. Ces Messieurs, après avoir inter-
rogé les élèves des trois années, s'être fait expliquer
toutes choses dans la salle de dessin, la collection, le
laboratoire de chimie, se retirèrent après une longue

conversation avec le Directeur. L'impression qu'ils en emportèrent contribua-t-elle, dans une certaine mesure, à faire passer la loi du ministre, M. Duruy? Toujours est-il que M. Pompée qui en suivait anxieusement tous les débats, revint, le 21 juin, nous annoncer avec émotion que l'*Enseignement secondaire spécial*, rêve de toute sa vie d'instituteur, était enfin reconnu par les représentants du pays. — Il était si joyeux qu'il nous embrassa tous avec effusion..... C'est que c'était reconnaître officiellement tous ses travaux depuis que la loi de 1833 avait institué l'Enseignement primaire supérieur, auquel il consacrait sa vie; c'était le couronnement de sa carrière d'instituteur.

A partir de cette époque, qui compta dans son existence comme une bataille gagnée, ses relations devinrent plus fréquentes avec le ministre et avec son secrétaire général, M. Charles Robert (1). Ils avaient su apprécier son caractère bienveillant et modeste, son dévouement infatigable à la cause qu'ils défendaient avec tant d'autorité et de talent, et qui leur était chère à tous les trois.

L'École d'Ivry profita de ce concours : lors de la distribution des prix, le 8 août 1865, M. Perdonnet

______

(1) M. Ch. Robert avait été chargé, comme conseiller d'État, par M. Rouland, du dépouillement de cette grande enquête justement célèbre, par laquelle ce ministre avait invité les instituteurs à lui faire connaître leurs vœux et les besoins des écoles.

était délégué par M. Duruy pour la présider. Dans un discours improvisé qui souleva les applaudissements des assistants et dont lui seul avait le secret, il raconta la vie si bien remplie de M. Pompée et parla de l'enseignement professionnel en homme qui le connaissait pour le mettre en pratique; il retraça toutes les difficultés que les réformateurs de notre enseignement avaient rencontrées sur leur route, et il terminait en félicitant les élèves « d'être venus au monde dans ce siècle de progrès et de lumières, et d'avoir trouvé dans cette maison un enseignement approprié à leurs besoins, enseignement qui a fait défaut à leurs pères, condamnés tous indistinctement au grec et au latin. » — M. Pompée répondit à M. Perdonnet par une allocution dans laquelle, après l'avoir remercié de tout ce qu'il avait dit de flatteur sur ses travaux et sur son école d'Ivry, il racontait, dans ce style simple qui lui était familier, comment il élevait les enfants qu'on lui confiait et les succès auxquels étaient arrivés certains élèves.

Après ces discours, le président remit, au nom du ministre, à M. Pompée, les palmes d'officier de l'Instruction publique, « qui ont une si haute valeur pour les hommes qui se sont voués à l'enseignement. » — Mais ce qui lui fit un plus grand plaisir encore, si c'est possible, ce fut d'apprendre par M. Perdonnet qu'il avait été placé par M. Duruy en tête de la liste des candidats qui devaient être choisis par la Com-

mission impériale de l'Exposition de 1867, pour faire
partie du Jury de la section d'Enseignement.

Toute l'année scolaire suivante 1865-1866 se passa
à préparer les travaux qui devaient figurer au grand
concours universel de 1867. L'Ecole fut un véritable
foyer de travail : les professeurs furent invités à
rendre leurs cours aussi complets que possible, et les
travaux graphiques furent l'objet d'une attention
spéciale de ma part. Déjà, nous avions envoyé à l'Exposition de l'*Union centrale des Beaux-Arts appliqués
à l'Industrie* des études d'architecture et de machines,
qui avaient mérité une médaille à l'Ecole, et aux élèves
cinq diplômes.

Cette année scolaire se termina par une distribution de prix, présidée par M. Charles Robert, au nom
du ministre, M. Duruy. Dans une éloquente improvi-
sation, le président déclara que l'école d'Ivry était
« un des premiers types de l'enseignement professionnel, et qu'elle en était, en quelque sorte, le ber-
ceau, » et que M. Pompée, son fondateur, venait
d'être nommé Membre du Conseil supérieur de per-
fectionnement de l'Enseignement secondaire spécial.
En même temps, il remettait au collaborateur de
M. Pompée les palmes d'officier d'Académie. Ce
double témoignage de satisfaction donné par le
ministre aux directeurs de la maison d'Ivry, les
encouragea à persévérer, le premier en combattant,
non plus comme volontaire libre, mais dans les commissions officielles, où son expérience ne put être

récusée ; le second, en continuant à Ivry la mise en pratique des idées nouvelles qu'il avait apprises et étudiées avec son maître vénéré.

Le 1er décembre 1866, M. Pompée reçut une lettre, signée Leplay, commissaire général de l'Exposition universelle, lui annonçant que la Commission impériale l'avait choisi pour faire partie du Jury international des récompenses, comme membre de la classe 90 (Bibliothèques et matériels d'enseignement donné aux adultes, dans la famille, l'atelier, la commune ou la corporation).

M. Pompée se livra tout entier à ses nouvelles fonctions de membre de la Commission internationale de l'exposition qui allait s'ouvrir. Chargé par le ministre d'examiner avec plusieurs collègues les produits scolaires qui devaient figurer à ce grand concours, il y apporta un zèle, un dévouement, une activité au-dessus de ses forces, puisque, au bout de quelques mois, il fut repris par des douleurs goutteuses qui le tinrent plusieurs semaines dans son lit.

L'exposition fut ouverte, comme on sait, le 1er avril 1867. M. Pompée avait été l'âme de l'organisation de l'exposition des classes 89 et 90. C'est dans cette dernière classe que l'École d'Ivry avait sa vitrine dans laquelle étaient exposées des « collections de travaux graphiques : écritures commerciales, dessins et lavis d'ornement, d'architecture, de machines ; des manipulations chimiques également faites par les élèves, et des collections, à l'aide desquelles on peut

se faire une idée du système pédagogique. Deux
points y sont particulièrement à noter : la méthode
pour l'enseignement de la géographie, qui prend
comme point de départ l'école, c'est-à-dire le lieu
même où se trouve l'élève, pour de là le conduire, de
proche en proche, par une série de cartes concen-
triques, jusqu'au bout du monde ; ensuite, les diverses
collections relatives à l'étude des matières premières
et à la technologie. Impossible d'imaginer une méthode
plus rationnelle. Chaque substance y est représentée
par un échantillon des transformations multiples que
la main de l'homme lui fait subir ; une série de casiers
nous montre les substances minérales à l'état grossier,
puis successivement élaborées et appliquées par l'industrie à nos différents usages. Les plantes textiles,
tinctoriales, médicinales, alimentaires, y sont rangées
dans la série de leurs préparations diverses, et les
animaux y figurent empaillés et classés au-dessus des
tiroirs renfermant les échantillons des produits variés
que nous tirons d'eux ou de leurs dépouilles. »

« Aussi, l'étude des sciences naturelles, physiques,
mécaniques, chimiques, y est toujours faite en vue des
diverses applications usuelles..... »

« L'École d'Ivry avait été portée pour une médaille
d'or ; mais M. Pompée, étant membre du Jury, se
trouvait hors concours ; il a reçu la croix d'officier de
la Légion d'honneur. Cette haute marque de distinc-
tion était due à son inaltérable dévouement pour l'Enseignement professionnel dont il peut être considéré

comme le fondateur, ainsi que l'a dit M. Jules Simon, dans la discussion de la loi de 1865. M. Léon Chateau, qui ne pouvait figurer que comme coopérateur sur la liste des récompenses, a obtenu du Jury une médaille d'argent. Cinq élèves de l'école d'Ivry ont obtenu des mentions honorables pour leurs dessins d'architecture et leurs préparations chimiques (1). »

Ce fut M. Pompée qui fut chargé, ainsi que plusieurs de ses collègues, de recevoir et de faire visiter l'exposition aux instituteurs de province, que M. Duruy avait fait venir, afin qu'ils pussent rendre compte chez eux du magnifique spectacle offert au monde entier. Il fit plusieurs conférences aux instituteurs, qui conservèrent pour lui un sentiment de profonde vénération.

M. Pompée, après son rôle d'organisateur de l'exposition scolaire du Champ de Mars fut invité à faire les rapports au Jury international sur les produits de cette exposition. — M. Michel Chevalier, chargé par la commission impériale de réunir tous les rapports, ne voulut pas qu'il fût seul pour faire cet immense travail. — Il lui confia l'Introduction, les Crèches et les Asiles, l'Instruction primaire, les Écoles d'adultes, les Cours polytechniques secondaires, l'Enseignement technique (agriculture, industrie, marine et commerce) et les Collections diverses. — C'était un rude

(1) Extrait du Rapport sur l'Enseignement secondaire spécial, fait au Jury international de l'Exposition universelle de 1867, par M. Charles Sauvestre.

labeur. — Il en vint à bout; mais arrivé à la fin, il eut une rechute de la terrible goutte, qui le tint cinq semaines dans sa chambre.— Son travail, qui résume, avec de grands détails, toutes les questions qu'il avait à traiter, remplit, avec les rapports de ses collègues, tout le treizième volume de la collection imprimée des rapports du Jury.

A la suite de l'exposition de 1867, M. Michel Chevalier présida la distribution des prix aux élèves de l'École d'Ivry. C'était le 8 août que cette cérémonie avait lieu; le président retraça dans une allocution rapide, et pour la quatrième ou cinquième fois, la marche suivie dans les cours de l'École, et les bienfaits qui en résultaient pour les jeunes gens élevés à l'établissement.

Quelques mois plus tard, M. Pompée devait éprouver un grand chagrin. Son vieil ami Perdonnet s'éteignait à Cannes. Il mourut après avoir confié aux deux vice-présidents choisis par lui, MM. Marguerin et Pompée, le soin de calmer les rivalités qui s'étaient introduites dans l'Association Polytechnique après l'adjonction forcée des membres sortis de la Philotechnique. — M. Pompée déplorait ce conflit plus que personne; il y apporta son esprit conciliant mais ferme, et après une *lettre à M. Larabit*, président du Comité de patronage de l'Association Polytechnique, et la nomination de M. Dumas, qui succéda à M. Martelet dans la présidence de cette association, il ne parut que de temps à autre aux séances du Comité (1). — Mais il conserva toujours pour la mémoire de son ami Perdonnet la plus grande vénération ; les lettres qu'il a conservées du président de l'Association Polytechnique et que j'ai retrouvées seules, classées avec soin, prouvent quel prix il y attachait...

A ce moment de sa vie, M. Pompée, qui commençait à se ressentir de ses nombreuses attaques de goutte, résolut de rassembler en un corps d'ouvrage les résultats de ses recherches, de ses études et de ses réflexions sur l'Enseignement primaire et sur l'Enseignement professionnel. — Il commença à réunir toutes ses notes, à les classer, à en rassembler de nouvelles ; et parfaitement maître de son sujet, il demanda et obtint du Préfet de la Seine d'écrire, dans le magnifique ouvrage de l'*Histoire générale de la Ville de Paris*, l'*Histoire de l'instruction primaire dans la Ville de Paris*. Ce travail devait, dans sa pensée, être aussi complet que possible, de manière, me disait-il, qu'il n'y ait plus qu'à glaner après lui.

C'est pendant qu'il travaillait à cet ouvrage qu'il reçut de M. Duruy, en avril 1869, la mission de visiter les établissements d'instruction publique, et principalement ceux où avait été introduit l'enseignement secondaire spécial, dans le ressort de l'Académie de

_____

(1) Depuis sa mort, les amis de M. Pompée ont vu avec regret, que, ni en séance publique ni en séance des comités, le nom d'un des plus anciens professeurs n'a pas été une seule fois prononcé

Caen. — Il visita ainsi les villes de Caen, Évreux, Vendôme, Bernay, Verneuil, Lisieux.—Dans toutes ces localités il fut reçu comme inspecteur général et on lui témoigna personnellement toute la déférence, tout le respect dû à sa notoriété.

Mais le gouvernement impérial personnel était devenu « l'empire libéral, » et entre autres libertés il avait rendu à la nation celle d'élire les conseils municipaux qui devaient à leur tour nommer les maires et les adjoints. — Sur ces entrefaites, la guerre avec la Prusse était déclarée (15 juillet 1870). — Dès le mois d'août les élections avaient eu lieu et M. Pompée avait été nommé conseiller municipal ; ses collègues le choisirent pour maire de la commune d'Ivry. — Il n'eut pas le temps de commencer les réformes qu'il projetait ; les Prussiens marchaient sur Paris ; l'ordre arriva d'évacuer Ivry. — L'École fut obligée d'emmener tout son matériel à Paris, collections, cabinet de physique et de mécanique, produits du laboratoire, salle de dessin, tout fut porté et entassé dans un vaste magasin que nous eûmes le bonheur de trouver rue de Turenne. — Pendant ce temps-là, M. Pompée installait sa mairie provisoire au quai de Béthune. — C'est là, pendant ce funeste siége, qu'il eut le plus à souffrir moralement et physiquement. — Comme tous les hommes de cœur, il ne voyait pas sans chagrin le sort malheureux fait à la France et à sa capitale fermée de toutes parts. Il avait à s'occuper de ses administrés d'Ivry qui s'étaient tous réfugiés dans Paris assiégé et bombardé. — Ce fut pour lui une période longue et douloureuse, et le commencement de la gravité de l'affection qui le devait emporter.

Enfin la perspective de la famine prochaine fit rendre Paris aux vainqueurs. — Le maire d'Ivry, aussitôt que les portes furent ouvertes, rentra dans sa commune, où les habitants ne tardèrent pas à reprendre leurs travaux accoutumés.

C'était au mois de février et de mars 1871. — De nouvelles épreuves l'attendaient : le 18 mars, la « Commune » était proclamée à Paris, le Gouvernement avait porté à Versailles son centre d'action. — M. Pompée comptait qu'Ivry allait échapper à la contagion : il se trompait. Le 19 mars, il fut obligé de se sauver pour échapper à un bataillon de fédérés qui le venait chercher. — Heureusement que la mairie avait été transférée par lui dans une magnifique propriété, mitoyenne de l'École : il put gagner, par là, la gare de Vitry et les fédérés perdirent sa trace. — Cependant ils visitèrent minutieusement et à plusieurs reprises tout le pensionnat, croyant y trouver celui dont ils voulaient faire un otage. — Pendant tout le temps que dura l'insurrection il séjourna en province chez des amis, et se rapprocha peu à peu de Paris. — A la fin de mai, il était à Charenton, tout prêt à rentrer dans la commune.

Quand ce moment désiré arriva, il fut reçu à bras ouvert par sa famille, qui n'avait eu de ses nouvelles que rarement ; et ses administrés, membres du conseil municipal, allèrent le recevoir au pont d'Ivry, désormais libre.

Jusqu'au mois d'octobre, il s'occupa de la réorganisation de la commune, et dans le courant de ce mois les élections pour les conseils généraux ayant eu lieu, le canton de Villejuif l'envoya siéger au Conseil général de la Seine.

Depuis le siége, il avait pris un appartement à Paris; les voyages que ses fonctions le forçaient à multiplier, il les faisait en voiture, ses jambes lui refusant leur service. Comme il conservait une grande vigueur d'esprit, il avait été nommé membre du Conseil départemental d'instruction publique, et comme conseiller général, il faisait partie des commissions d'enseignement et de la commission de surveillance de l'École normale installée à Auteuil. Il rendit dans ses diverses fonctions tous les services qu'il put rendre. Il devait succomber à la tâche...

Le 6 février il était venu, selon son habitude, à l'école d'Ivry, où il avait conservé son appartement. J'avais réuni ce jour-là une famille amie; le dîner avait été gai et après le repas on causait; lorsqu'il voulut se lever, ses jambes fléchirent, il voulut sortir et ne put marcher. Lorsque nous le vîmes ainsi, nous le jugeâmes perdu. En effet, trois jours après il n'était plus...

Le 10 février il fut inhumé au cimetière d'Ivry, avec tous les honneurs qu'on peut rendre à un maire estimé et aimé.

Mais ce ne sont pas les pompes de ses funérailles qui doivent le plus le toucher dans le séjour où ses actions le placent, c'est le souvenir durable que ses anciens élèves lui ont élevé : quand il revint de son voyage en Suisse, une des choses dont il me parla pour l'avoir vivement frappé, ce fut le monument que les Suisses ont élevé à la mémoire de Pestalozzi ; et il me disait : « Un de mes grands bonheurs dans l'autre monde sera de penser que mes élèves élèveront peut-être une pierre sur ma tombe. » Et en disant cela il ne songeait certes pas au *monument* que lui ont érigé ses disciples.

Ce vœu s'est réalisé, ô mon cher et vénéré maître ! et tu peux lire, du fond de ton tombeau, cette inscription reconnaissante qui y est gravée :

A PIERRE-PHILIBERT POMPÉE

INSTITUTEUR

PREMIER DIRECTEUR DE L'ÉCOLE MUNICIPALE TURGOT

FONDATEUR DE L'ÉCOLE D'IVRY

SES ÉLÈVES

3770.74. — Boulogne (Seine). — Imprimerie JULES BOYER.

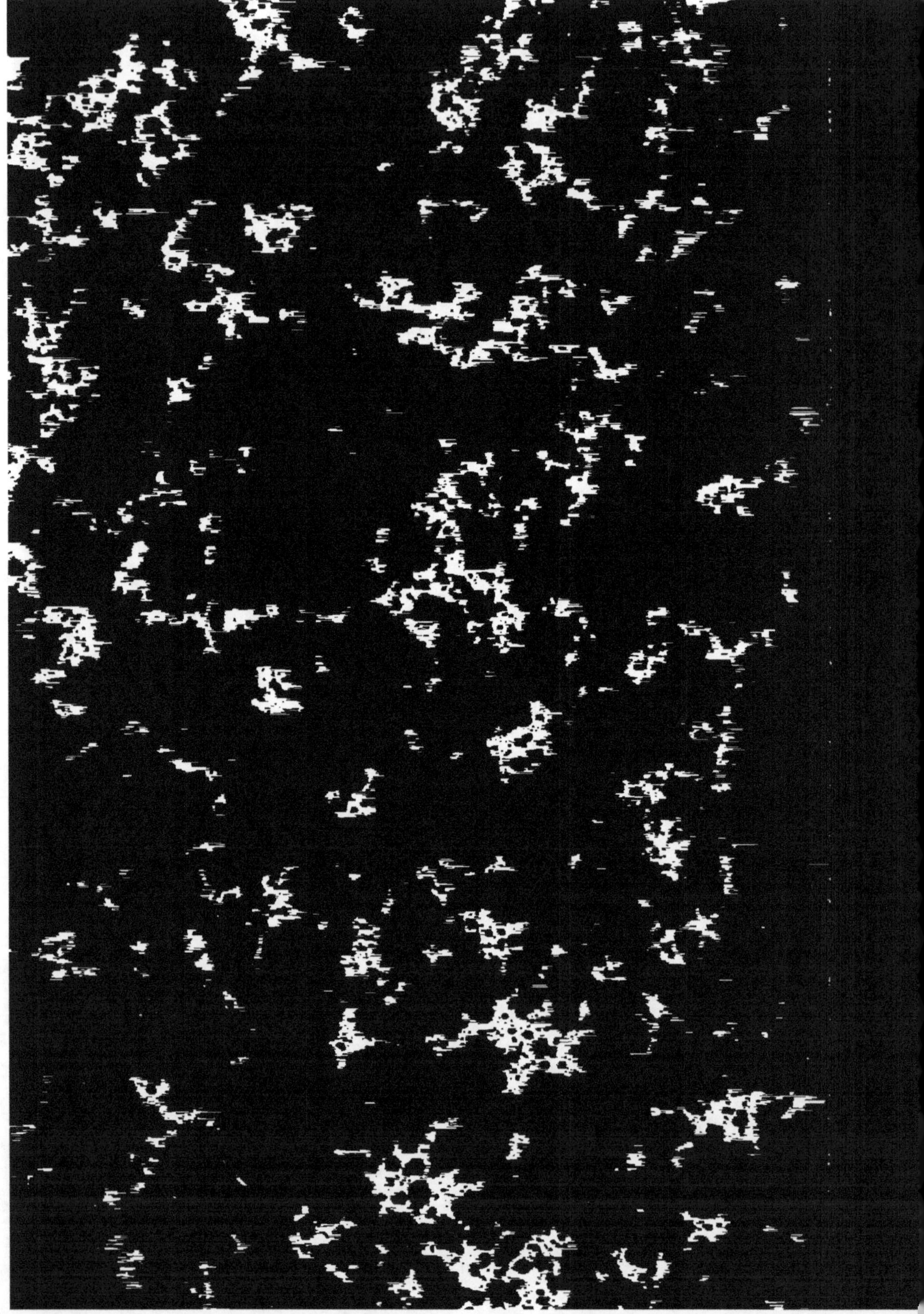